**챗GPT는
거들 뿐,
생기부는
내가 쓴다!**

fast AI 시리즈

실무에 필요한 AI 지식을 빠르고 효과적으로 습득할 수 있도록
핵심 지식과 실전 노하우를 제공합니다.

챗GPT는 거들 뿐, 생기부는 내가 쓴다:
생기부 작성을 위한 GPT-5 사전 학습과 프롬프트 활용 노하우

지은이 장승아, 조원정
펴낸이 박찬규 **엮은이** 윤가희 **디자인** 북누리 **표지디자인** 북누리

펴낸곳 위키북스 **전화** 031-955-3658, 3659 **팩스** 031-955-3660
주소 경기도 파주시 문발로 115, 311호 (파주출판도시, 세종출판벤처타운)

가격 16,000 **페이지** 160 **책규격** 152 x 210mm

초판 발행 2025년 09월 18일
ISBN 979-11-5839-639-8 (13000)

등록번호 제406-2006-000036호 **등록일자** 2006년 05월 19일
홈페이지 wikibook.co.kr **전자우편** wikibook@wikibook.co.kr

Copyright © 2025 by 장승아, 조원정
All rights reserved.
First published in Korea in 2025 by WIKIBOOKS

이 책의 한국어판 저작권은 저작권자와 독점 계약한 위키북스에 있습니다.
신저작권법에 의해 한국 내에서 보호를 받는 저작물이므로 무단 전재와 복제를 금합니다.
이 책의 내용에 대한 추가 지원과 문의는 위키북스 출판사 홈페이지 wikibook.co.kr이나
이메일 wikibook@wikibook.co.kr을 이용해 주세요.

챗GPT는 거들 뿐, 생기부는 내가 쓴다!

생기부 작성을 위한 GPT-5 사전 학습과 프롬프트 활용 노하우

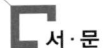
서·문

학교생활기록부 작성은 단순히 정해진 글자 수를 채우는 작업이 아닙니다. 교사가 학생 한 명 한 명의 성장 과정을 세심하게 관찰하고, 그 의미를 교육적으로 담아내는 전문적이고 주도적인 활동입니다. 이 책의 제목처럼, 학교생활기록부는 교사가 작성하는 것이며, 챗GPT는 그 과정을 보다 정확하고 빠르게 도와주는 보조 도구일 뿐입니다.

생성형 인공지능은 학교생활기록부 작성에 있어 유용한 조력자가 될 수 있습니다. 그러나 완성도 높은 결과물을 얻으려면 수준 높은 교과 수업과 학생 주도의 문제 해결 중심 융합 탐구 활동, 학교별 특색 있는 행사 등을 통해 축적된 경험을 바탕으로, 학생의 개별 탐구와 표현을 이끌어내는 구체적이고 명확한 질문(프롬프트)이 마련되어야 하며, 이를 통해 학생 한 명 한 명의 성장과 역량을 세밀하게 기록으로 담아낼 수 있어야 합니다. 교사가 수업과 활동의 맥락을 사전 학습 자료로 챗GPT에 제공하면, 교육적 의도와 상황이 반영된 정교하고 일관된 기록을 생성할 수 있습니다.

이 책은 교과목별로 교과 교사가 사전 학습 자료로 활용할 수 있도록 실제로 수행한 활동 내용을 풍부한 사례와 함께 제시했습니다. 이를 통해 교사는 학교생활기록부 작성 시 시간을 절약하면서도 학생의 개성과 학습 성과, 탐구 과정과 성장을 보다 설득력 있게 기록할 수 있습니다. 또한 사전 학습과 프롬프트 작성 방법을 단계별로 안내하여 챗GPT의 장점을 최대한 활용하면서도 기록의 주도권은 교사가 유지할 수 있도록 구성했습니다.

이 책이 학교 현장에서 교사들이 학생의 성장과 성취를 온전히 담아내는 데 실질적인 도움이 되기를 바랍니다.

스마트 플립러닝 연구회 장승아, 조원정

추·천·사

제가 교직에 첫발을 내디딘 1989년에는 잉크펜으로 학교생활기록부를 밤새워 작성하곤 했습니다. 1990년대 후반에 들어서야 비로소 컴퓨터로 생기부를 작성하는 편리함을 경험할 수 있었지요. 오늘날의 젊은 교사 세대에게는 상상조차 어려운 일이었을 것입니다. 당시 학급당 50명에 달하는 학생을 한 명 한 명 떠올리며 서로 다른 표현으로 기록해야 했던 교사들에게는 '챗GPT'라는 신세계가 오히려 낯설고 불안하게 다가올 수도 있습니다. 빠르게 변화하는 세상 속에서 과거의 교사가 미래를 살아갈 학생들을 교육하고 있는 것은 아닌가 하는 두려움을 느끼는 것도 사실입니다.

이번에 출간된 『챗GPT는 거들 뿐, 생기부는 내가 쓴다: 생기부 작성을 위한 GPT-5 사전 학습과 프롬프트 활용 노하우』는 교사들이 AI를 올바르게 이해하고 생기부 작성에 적용할 수 있도록 돕는 귀중한 지침서입니다. 지금의 학교 현장은 AI 시대의 한가운데에 서 있습니다. 그러나 AI 지식의 격차와 자격 기준은 여전히 불명확하고, 때로는 학생들의 기술력이 교사를 앞지르는 상황도 발생합니다. 이런 시점에서 이 책은 교사들에게 생기부 작성의 방향과 원칙을 제시해 주는 든든한 나침반이 될 것입니다.

생기부 작성 과정에서 챗GPT와 같은 도구들은 훌륭한 동반자가 될 수 있습니다. 하지만 결국 학생의 행동 변화, 수업 태도, 학습 과정을 면밀히 관찰하고 기록으로 담아내는 것은 교사만이 할 수 있는 본질적인 역할입니다. 이 책은 아무리 뛰어난 AI라 해도 어디까지나 도구일 뿐이며, 학생의 성장을 기록하고 교육의 길을 열어 가는 주체는 교사 자신임을 다시금 일깨워 줍니다.

『챗GPT는 거들 뿐, 생기부는 내가 쓴다: 생기부 작성을 위한 GPT-5 사전 학습과 프롬프트 활용 노하우』를 통해 우리 교사들이 올바른 교육철학을 바탕으로, 인공지능 시대의 혼란 속에서도 흔들림 없는 목소리를 낼 수 있기를 바랍니다. 미래 세대의 주역을 길러내는 교육자로서, AI를 두려움 없이 활용하며 학생과 함께 성장해 나가는 교사들을 응원합니다.

구본정(한수중학교 교장)

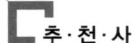

추·천·사

학교생활기록부 작성은 교사에게 주어지는 중요한 업무이자 동시에 큰 부담이기도 합니다. 이는 학교생활기록부가 교사의 헌신과 학생에 대한 세심한 관찰을 토대로 이루어지는 교육 활동의 소중한 기록이며, 학생 한 명 한 명의 성장을 온전히 담아내기 위해 깊은 고민과 많은 시간이 요구되기 때문입니다.

이 책이 가장 돋보이는 점은 학교생활기록부 작성에 앞서 교사가 반드시 알아야 할 내용을 체계적으로 안내할 뿐만 아니라, 생성형 AI 시대에 교사가 교육의 주체로서 기록의 주도권을 놓치지 않고 학생의 성장 과정을 섬세하고 설득력 있게 담아낼 수 있는 방법을 제시하고 있다는 것입니다. 모쪼록 이 책이 교육 현장의 선생님들이 학생의 성장에 온전히 집중할 수 있도록 돕는 든든한 조력자가 되기를 바랍니다.

신정헌 (일산동고등학교 교감)

학교생활기록부 작성은 교사에게 주어진 고유한 책무이자, 동시에 교육부의 세밀하고 복잡한 지침과 촘촘한 학사 일정 속에서 교사에게 늘 부담이 되는 과업입니다. 이러한 현실 속에서 교사들은 "과연 챗GPT가 교사를 얼마나 도와줄 수 있을까?"라는 의문을 품게 됩니다.

이 책 『챗GPT는 거들 뿐, 생기부는 내가 쓴다 : 생기부 작성을 위한 GPT-5 사전 학습과 프롬프트 활용 노하우』는 바로 그 질문에 대한 명쾌한 해답이 됩니다. 학교생활기록부를 작성하는 교사들에게 전문성의 깊이를 더해 줄 뿐만 아니라, AI를 실제 작성 과정에 곧바로 적용할 수 있는 실질적인 지침과 다양한 사례를 풍부하게 담고 있습니다.

제목 그대로 이 책은 교사가 기록에 대한 부담을 덜고, 학생의 성장을 지원하는 데 더욱 집중할 수 있도록 든든히 '거들어' 줍니다. 이 책이 학생 성장에 관한 교사의 온전한 기록이라는 학교생활기록부의 본래 목적지에 가장 효율적으로 데려다 주는 내비게이션 같은 역할을 하리라 확신합니다.

양승현 (영성중학교 교감)

추·천·사

학생들의 앞날을 함께 고민하며 3학년 부장으로 진로 지도를 이어 온 교사로서, 학교생활기록부 작성이 교사의 전문성과 학생의 미래를 동시에 담아내는 소중한 작업임을 깊이 느껴 왔습니다. 그러나 방대한 기록과 제한된 시간 속에서 모든 학생의 개별적인 이야기를 온전히 담아내는 것은 늘 쉽지 않은 과제였습니다.

이 책 『챗GPT는 거들 뿐, 생기부는 내가 쓴다: 생기부 작성을 위한 GPT-5 사전 학습과 프롬프트 활용 노하우』는 이러한 현실적인 고민에 진심 어린 해답을 제시합니다. 단순히 인공지능 활용법을 나열하는 데 그치지 않고, 교사의 교육적 판단과 결합할 수 있는 구체적인 방법을 안내합니다. 사전 학습 자료 준비부터 프롬프트 설계까지, 현장의 교사가 바로 적용할 수 있도록 친절하고 체계적으로 정리되어 있어 생기부 작성의 새로운 가능성을 열어 줍니다.

특히 학생의 성장 과정을 교사가 더욱 정성스럽게 기록할 수 있도록 돕는다는 점에서, 이 책은 단순한 업무 효율화 도구를 넘어 교육적 의미를 지니고 있습니다. 생기부 작성의 무게를 홀로 짊어져 온 교사들에게 든든한 동반자가 되어 줄 것이며, 학생 한 명 한 명의 이야기를 더 풍성하게 담아내는 데 큰 힘이 될 것입니다. 생기부 작성에 고민이 있는 모든 교사들께 이 책을 차분히 읽어 보시기를 권합니다.

김구슬(동패고등학교 3학년 부장교사)

이 책은 학교생활기록부 작성의 본질을 놓치지 않으면서도, 교사가 챗GPT를 현명하게 활용할 수 있는 구체적 지침과 풍부한 사례를 담고 있습니다. 단순히 기록을 빠르게 작성하는 기술적 팁을 넘어, 교사의 전문성과 교육적 판단이 어떻게 AI와 조화를 이루어야 하는지를 설득력 있게 보여 줍니다. 따라서 현직 교사들에게는 반복되는 업무의 부담을 줄이고 기록의 질을 높이는 데 큰 도움이 될 뿐 아니라, 교직에 첫발을 내딛을 예비 교사들에게도 실무 역량을 미리 준비하고 심화할 수 있는 든든한 길잡이가 될 것입니다.

맹은경(아주대학교 교육대학원 영어교육과 교수)

목·차

PART 01

교사가 알아야 할 학교생활기록부 작성 필수 지침

1.1 생성형 AI를 활용한 학교생활기록부 서술형 항목 작성 시 유의사항 ... 4

1.2 2025학년도 고등학교 학교생활기록부 서술형 영역별 기재 유의사항 ... 5

1.3 챗GPT 학교생활기록부 작성 시 개인정보 · 민감정보 보호 유의사항 ... 7

PART 02

학교생활기록부 작성을 위한 챗GPT 계정 등록부터 환경 설정까지

2.1 챗GPT 계정 등록 및 설정 방법 … 12
    2.1.1 PC에서 무료 버전 계정 생성 절차 … 12
    2.1.2 스마트폰에서 무료 버전 계정 생성 절차 … 16
    2.1.3 로그인, 버전 선택, 언어 설정 방법 … 18

2.2 챗GPT Plus 구독 및 요금제 안내 … 22
    2.2.1 무료 vs GPT-5 Plus 유료, 학교생활기록부 결과물 차이 … 22
    2.2.2 챗GPT Plus 구독 절차 … 26
    2.2.3 학교 예산으로 챗GPT Plus 구독 품의 및 구매 절차(S2B 활용) … 30
    2.2.4 챗GPT Plus 계정 공유의 위험성 … 32

2.3 학교 네트워크 환경 최적화 … 33
    2.3.1 속도 저하 원인과 예방 … 33
    2.3.2 개인 핫스팟 활용 … 33

2.4 챗GPT 채팅 vs 캔버스(Canvas) 비교 … 34
    2.4.1 학교생활기록부 작성 시 장단점 비교 … 34
    2.4.2 캔버스 주요 기능 … 36

2.5 챗GPT 프로젝트 기능 개요 … 41
    2.5.1 프로젝트 생성 방법 … 42
    2.5.2 프로젝트 관리 및 활용 방법 … 45

PART 03
학교생활기록부 작성 전 챗GPT 사전 학습 필수 항목

3.1 공통 프롬프트 구조	51
3.2 공통 프롬프트 예시	51
3.3 사전 학습용 프롬프트 작성 시 유의사항	71
3.4 사전 학습 시 자주 발생하는 오류와 해결 방법	72

PART 04
학교생활기록부 서술형 항목별 작성 · 검토 · 나이스 업로드 실전 사례

4.1 공통 국어 1 과목별 세부능력 및 특기사항 작성 단계별 과정 실전 사례 78

    4.1.1 캔버스 기능을 활용한 개별 학생 과목별 세부능력 및 특기사항 작성 78

    4.1.2 학생별 과목별 세부능력 및 특기사항 초안 작성 대화 예시 79

    4.1.3 생성된 과목별 세부능력 및 특기사항의 지침 반영 여부 검토 및 수정 82

    4.1.4 학생별 과목별 세부능력 및 특기사항의 엑셀(.xlsx) 파일 일괄 다운로드 및 나이스 업로드 변환 과정 86

4.2 진로활동 특기사항 작성 단계별 과정 실전 사례 89

    4.2.1 기본 채팅(GPT-5)을 활용한 개별 학생 진로활동 특기사항 작성 89

    4.2.2 학생별 진로활동 특기사항 초안 작성 대화 예시 90

    4.2.3 생성된 진로활동 특기사항의 지침 반영 여부 검토 및 수정 91

4.3 행동특성 및 종합의견 작성 단계별 과정 실전 사례 93

    4.3.1 캔버스 기능을 활용한 개별 학생 행동특성 및 종합의견 작성 93

    4.3.2 학생별 행동특성 및 종합의견 초안 작성 대화 예시 94

    4.3.3 생성된 행동특성 및 종합의견의 지침 반영 여부 검토 및 수정 96

목 · 차

PART 05

챗GPT 사전 학습용 학교생활기록부 영역별 우수 사례 모음

5.1 과목별 세부능력 및 특기사항 우수 사례	102
5.2 창의적 체험활동 특기사항 우수 사례	119
5.3 기타 학교생활기록부 서술형 항목 우수 사례	121

PART

06

자주 묻는 질문 (FAQ)

자주 묻는 질문(FAQ) 124

Q 챗GPT로 생성한 생기부 특기사항이나 수행평가, 행사가 다른 학생이나 타 학교와 유사하거나 중복되지 않을지 걱정됩니다. 이를 어떻게 하면 좋을까요? 126

Q 2025학년도 고등학교 학교생활기록부 각 영역의 최대 입력 가능한 글자 수(한글 기준)는 어떻게 되나요? 127

Q 문서나 매뉴얼을 사전 학습시킬 때 꼭 PDF 파일로 학습시켜야 하나요? 128

Q 특기사항 기록을 위해서는 학생의 수행 과정이나 오랜 기간 관찰한 내용을 토대로 해야 하는데, 이를 효과적으로 기록하려면 어떤 방법이 좋을까요? 128

Q 챗GPT가 생성한 내용을 학교생활기록부에 그대로 복사하여 사용해도 괜찮나요? 교사의 추가 작업이나 검토가 필요한가요? 130

Q 챗GPT로 생성된 생기부 기록이 학생 평가에 대한 객관성과 신뢰성을 충분히 확보할 수 있나요? 131

Q 챗GPT가 특정 정보를 잊지 않고 계속 기억하도록 설정하려면 어떻게 해야 하나요? 132

Q 생성형 인공지능을 활용해 학교생활기록부 서술형 항목을 작성해도 되나요? 134

부록

부록 A. 학교생활기록부 관련 자료 패들렛에서 내려받기 135

부록 B. 교사를 위한 프롬프트 가이드 137

PART

01

교사가 알아야 할 학교생활기록부 작성 필수 지침

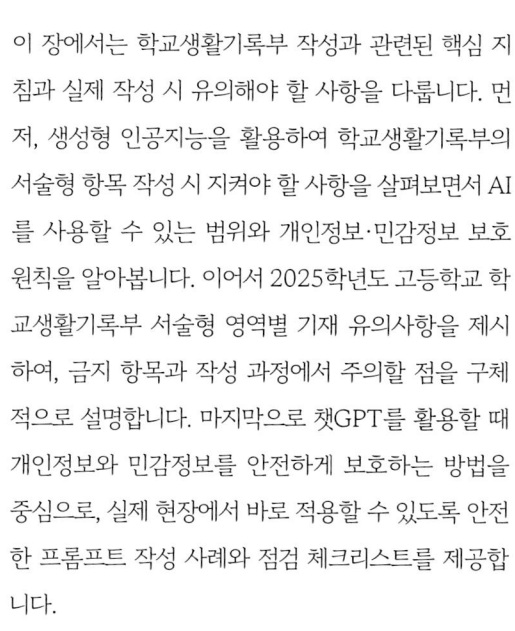

이 장에서는 학교생활기록부 작성과 관련된 핵심 지침과 실제 작성 시 유의해야 할 사항을 다룹니다. 먼저, 생성형 인공지능을 활용하여 학교생활기록부의 서술형 항목 작성 시 지켜야 할 사항을 살펴보면서 AI를 사용할 수 있는 범위와 개인정보·민감정보 보호 원칙을 알아봅니다. 이어서 2025학년도 고등학교 학교생활기록부 서술형 영역별 기재 유의사항을 제시하여, 금지 항목과 작성 과정에서 주의할 점을 구체적으로 설명합니다. 마지막으로 챗GPT를 활용할 때 개인정보와 민감정보를 안전하게 보호하는 방법을 중심으로, 실제 현장에서 바로 적용할 수 있도록 안전한 프롬프트 작성 사례와 점검 체크리스트를 제공합니다.

1.1 생성형 AI를 활용한 학교생활기록부 서술형 항목 작성 시 유의사항

교육부 수업혁신융합교육과와 경기도교육청 초등교육과·중등교육과는 「학교생활기록 작성 및 관리지침」(교육부훈령 제530호, 2025.7.13.)과 「2025학년도 학교생활기록부 기재요령」에 근거하여, 생성형 인공지능을 활용한 학교생활기록부 서술형 항목 작성 시 반드시 지켜야 할 사항을 안내하였습니다.

학교생활기록부는 「초·중등교육법」 제25조와 같은 법 시행규칙 제21조부터 제25조, 그리고 「학교생활기록 작성 및 관리지침」에 따라 학교에서 실시한 각종 교육활동에 대한 학생 개개인의 성장과 학습과정을 교사가 직접 관찰하고 평가하여 작성하는 공식 문서입니다. 따라서 학생이 실제로 수행하지 않은 내용을 기재하는 것은 '허위사실 기재'에 해당하며, '학생 성적 관련 비위'로 간주될 수 있으므로 각별한 주의가 필요합니다.

학교생활기록부의 서술형 항목은 교사가 평소 학생을 직접 관찰하고 평가한 내용을 바탕으로 작성해야 합니다. 작성 과정에서 생성형 인공지능을 보조 수단으로 활용하여 시안을 작성할 수 있으며, 문장 윤문이나 표현 다듬기 등에도 활용이 가능합니다. 그러나 학교생활기록부 기재 내용에 대한 최종 책임은 전적으로 교사에게 있습니다. 따라서 생성형 인공지능을 활용할 경우, 최종 입력 전에 반드시 허위나 과장 기재 여부를 확인하고, 학교생활기록부 기재 지침 준수 여부를 철저히 검토해야 합니다.

1.2 2025학년도 고등학교 학교생활기록부 서술형 영역별 기재 유의사항

이 책은 주로 고등학교 교사를 대상으로, 학생들이 준비하게 될 여러 입학 전형을 염두에 두고 학교생활기록부 중 '서술형 기재 영역(교과학습발달상황의 교과별·개인별 세부능력 및 특기사항, 창의적 체험활동 상황, 행동특성 및 종합의견 등)'을 기준으로 구성했습니다. 수시의 학생부종합전형뿐만 아니라 학생부교과전형에서도 최근 주요 대학은 단순히 성적만 보지 않습니다. 교과 학습 과정에서 드러나는 학업 태도와 전공에 대한 관심과 노력, 다양한 활동 속에서의 성장과 변화가 학교생활기록부에 어떻게 기록되느냐가 합격의 중요한 기준이 됩니다. 따라서 기록의 신뢰성과 구체성이 합격 여부를 좌우합니다. 또한 정시에서도 학생부 반영은 대학 자율로 확대되는 추세입니다. 예를 들어 서울대학교는 정시에서 '수능 80% + 교과평가 20%'를 반영하며, 교과평가는 학교생활기록부 중 '교과학습발달상황'을 평가하고 있습니다. 앞으로 고교학점제가 전면 시행됨에 따라 과목별·개인별 세부능력 및 특기사항 등의 중요성은 더욱 커질 것입니다. 그만큼 학교생활기록부는 학생의 노력과 성장을 보여주는 가장 중요한 무대가 될 것입니다. 이 책은 교사가 학생들이 그 무대에서 빛날 수 있도록 기록의 신뢰성과 구체성 확보에 초점을 맞춘 든든한 길잡이로 구성했습니다.

학교생활기록부의 서술형 항목은 학생의 성장과 학습 과정을 상시 관찰하고 평가한 누가기록을 중심으로 작성해야 합니다. 모든 내용은 교육과정과 직접 관련된 활동과 성취를 구체적이고 객관적으로 반영해야 하며, 단순한 사실 나열이나 평가와 무관한 일반적 서술은 피해야 합니다.

학교 교육과정 외의 체험활동은 교육 관련 기관에서 주관·주최한 행사, 봉사활동 실적 등과 같이 학교장이 승인한 경우에만 기록할 수 있습니다. 사적인 모임, 상업적·정치적 목적의 활동, 사교육 기관이나 개인 교습과 관련된 내용은 기재할 수 없습니다.

다음과 같은 내용은 서술형 항목에 포함할 수 없습니다.

- 각종 공인어학시험(TOEIC, TOEFL, TEPS, HSK, JLPT, DELF, DALF 등) 응시 사실이나 성적
- 교내·외 대회 및 인증시험 참가 사실 및 성적, 수상 실적(수상경력 항목 이외)
- 각종 자격증 명칭 및 취득 사실(자격증 취득 및 국가직무능력표준 이수상황 이외)
- 논문, 연구보고서, 도서 출간, 지식재산권(특허, 실용신안, 상표, 디자인 등) 출원·등록 사실
- 장학생·장학금 관련 내용
- 학생 또는 보호자의 사회·경제적 지위(직종, 직장명, 직위명 등) 암시 내용
- 모의고사·전국연합학력평가 성적(원점수, 석차, 석차등급, 백분위 등 성적 관련 내용 일체) 및 관련 교내 수상실적
- 어학연수, 봉사활동 등 해외 활동실적 및 관련 내용

또한, 구체적인 대학명, 기관명(정부·공공기관, 교육관련기관, 민간단체 등)이나 상호명, 강사명 등 개인 식별이 가능한 정보는 원칙적으로 기재할 수 없습니다. 교육과정상 필요한 경우에도 해당 기관이나 인물의 역할이 직접적으로 드러나지 않도록 일반화해 서술해야 합니다.

교사는 자신의 입력 내용에 대해 책임을 지며, 잘못된 자료가 발견되면 학교생활기록부 기재요령에 따라 정정 절차를 진행해야 합니다. 따라서 교사는 출력물과 보조자료를 대조하여 이상 여부를 반드시 확인해야 하며, 가능하면 수업이나 행사와 관련된 활동물이나 증빙자료를 보관하고 내부 결재를 진행해 두는 것이 좋습니다.

학부모나 외부인의 부당한 기재·수정 요구는 법적으로 금지되며, 편의를 이유로 담당이 아닌 교사에게 입력·정정 권한을 부여하는 행위도 허용되지 않습니다. 모든 기재는 '기재방법'을 준수하되, '기재예시'는 참고 자료로만 활용하며, 의미 변동이 없는 범위에서 표현을 조정할 수 있습니다.

1.3 챗GPT 학교생활기록부 작성 시 개인정보·민감정보 보호 유의사항

국가사이버안보센터의 「챗GPT 등 생성형 AI 활용 관련 보안가이드라인」(부록 A-1)과 경기도교육청의 「정보보안 기본 지침」(부록 A-2)에 따르면, 챗GPT와 같은 생성형 인공지능은 학교생활기록부 작성 시 활용이 가능하지만, 개인정보와 민감정보 보호에 각별한 주의가 필요합니다.

학생의 이름, 학번과 같은 개인정보와 학적 정보, 성적, 건강 상태, 징계 기록 등 비공개 업무 자료는 어떠한 경우에도 생성형 인공지능 애플리케이션이나 플랫폼에 입력해서는 안 됩니다. 프롬프트 작성 시에는 반드시 개인정보와 특정 학생을 식별할 수 있는 정보가 제거된 일반적인 표현을 사용해야 합니다.

예를 들어, 'ㅇㅇㅇ 학생은 2025년 봉사활동 20시간을 이수하였으며…'와 같은 문장 대신 아래 예시와 같이 프롬프트를 작성합니다. 예시는 특정 학생을 직접 지칭하지 않고, 활동 유형과 강조할 역량만을 일반화한 형태입니다. 이렇게 하면 실제 학생 사례를 AI에 노출하지 않으면서도, 원하는 기록의 방향과 어조를 유지할 수 있습니다.

 학생의 봉사활동 경험을 중심으로 공동체 의식, 협력 태도, 배려심, 책임감 등이 구체적으로 드러나도록 작성해 줘.

 수학 탐구 활동에서 창의적 문제 해결력을 강조한 문장을 작성해 줘.

 독서토론 참여도를 중심으로 비판적 사고력과 자기주도성이 드러나는 특기사항을 생성해 줘.

 협력 프로젝트에서 팀워크와 소통 능력이 강조된 활동 내용을 특기사항으로 표현해 줘.

이와 같이 일반화된 프롬프트를 사용하면 개인정보와 민감정보 유출 위험을 줄이면서도, 생성형 인공지능을 안전하고 효율적으로 학교생활기록부 작성에 활용할 수 있습니다.

아래 항목은 생성형 인공지능에 프롬프트를 입력하기 전에 반드시 점검해야 할 내용을 체크리스트로 정리한 내용입니다. 각 항목을 하나씩 확인하고 작성하면 개인정보와 민감정보 유출 위험을 사전에 차단하고, 교육과정과 연계된 안전한 기록을 생성할 수 있습니다.

- ☑ 학생 이름, 학번, 주소, 연락처 등 특정 학생을 식별할 수 있는 정보가 없는가?
- ☑ 성적, 등수, 점수, 건강 상태, 징계 내용 등 공개가 제한된 민감한 정보가 포함되지 않았는가?
- ☑ 구체적인 수치, 기관명, 교사명, 행사명 등을 실제로 명시하지 않고, 교육활동의 성격을 일반적인 표현으로 바꾸었는가?
- ☑ 입력 내용이 실제 학교 교육과정 속에서 이루어진 활동을 근거로 하였는가? 사교육·개인활동은 배제되었는가?
- ☑ 챗GPT로 요청(프롬프트)을 전송하기 전, 개인정보·민감정보가 포함되지 않았는지 최종 확인했는가?

PART

02

학교생활기록부 작성을 위한 챗GPT 계정 등록부터 환경 설정까지

이 장에서는 학교생활기록부를 효과적으로 작성하기 위해 챗GPT를 설정하는 과정 전반을 안내합니다. 우선, PC와 스마트폰에서 무료 버전 계정을 생성하고 기본 환경을 설정하는 방법을 살펴본 뒤, 필요에 따라 챗GPT Plus로 업그레이드하는 절차와 무료·유료 버전의 차이를 비교합니다. 이어서 학교 환경에서 안정적으로 챗GPT를 활용할 수 있도록 네트워크 최적화 방법과 속도 저하 해결책을 제시하며, 일반 채팅 인터페이스(standard chat interface)와 캔버스 인터페이스(Canvas interface)의 특징을 비교하고, 학교 현장 활용 시나리오를 구체적으로 제시합니다. 마지막으로, 프로젝트(Project) 기능의 개요와 생성·관리 방법, 그리고 사전 학습 전 프로젝트를 효과적으로 준비하는 전략을 제시하여, 교사가 학교생활기록부 작성 업무를 보다 효율적으로 수행할 수 있도록 돕습니다.

2.1 챗GPT 계정 등록 및 설정 방법

챗GPT를 학교생활기록부 작성 업무에 활용하기 위해서는 먼저 계정을 생성하고 기본 환경을 설정해야 합니다. 챗GPT는 웹 브라우저와 스마트폰 앱을 통해 무료 버전으로 이용할 수 있으며, 필요에 따라 유료 버전(Plus, Pro 등)으로 업그레이드할 수 있습니다. 계정 생성 시에는 본인 확인 절차를 거쳐야 하며, 학교 환경에서 안정적인 사용을 위해 네트워크 상태와 기기 환경을 점검하는 것이 필요합니다.

2.1.1 PC에서 무료 버전 계정 생성 절차

01. OpenAI 공식 사이트 접속 및 회원가입 시작

PC에서 챗GPT를 이용하려면 먼저 크롬(Chrome), 엣지(Microsoft Edge), 사파리(Safari), 파이어폭스(Firefox) 등 최신 버전의 웹 브라우저 중 하나를 실행합니다. 이 책에서는 크롬 브라우저를 기준으로 안내합니다.

크롬 브라우저의 주소창에 챗GPT 공식 웹사이트 주소(https://chatgpt.com/)를 입력하여 접속합니다. 접속 후 화면 오른쪽 상단에 있는 [무료로 회원 가입] 버튼을 클릭하여 회원가입 절차를 시작합니다.

챗GPT 홈 화면

02. 크롬 브라우저 자동 번역 해제

[무료로 회원 가입] 버튼을 클릭하면 가입 방식을 선택하는 화면이 나타납니다. 이때, 크롬 브라우저의 자동 번역 팝업이 나타날 수 있습니다. 챗GPT는 한국어 사용자 인터페이스(UI)를 기본 제공하므로, 크롬(Chrome) 브라우저의 자동 번역 기능은 사용하지 말아야 합니다. 자동 번역을 활성화하면 버튼 이름과 안내 문구가 공식 UI 용어(원문 표기) 또는 권장 번역에서 벗어나 사용자에게 혼란을 초래할 수 있습니다. 예를 들어 'Canvas'가 '도화지'로 번역되거나, 'Regenerate'가 '재생성' 또는 '다시 생성'으로 혼용되고, 'Export data'가 '데이터 수출'로 오역되며, 'Prompt'가 '지시문'으로 번역됩니다. 주소창 우측 번역 아이콘을 눌러 '더보기(:)' - '이 사이트 번역 안함'을 선택해야 합니다.

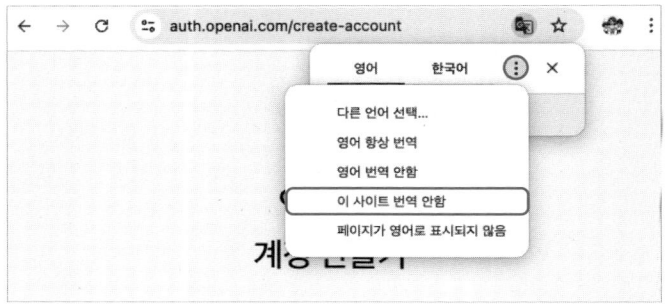

크롬 브라우저에서 챗GPT 자동 번역 해제 화면

03. 가입 방식 선택

[무료로 회원 가입] 버튼을 클릭하면 나타나는 화면에서 이메일 주소를 입력하여 가입하거나, [Google로 계속하기] 또는 [Microsoft 계정으로 계속하기] 등의 버튼을 클릭하면, 기존에 보유한 계정으로 연동되어 별도의 회원가입 절차나 비밀번호 설정·이메일 인증 없이 간편하게 가입할 수 있습니다. 이 책에서는 [Google로 계속하기] 옵션으로 가입 방법을 안내합니다.

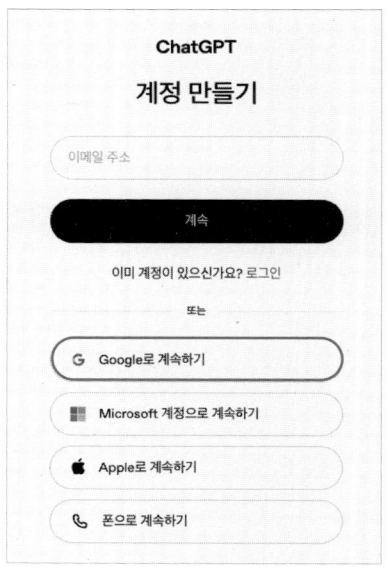

가입 방식 선택 화면

학교 또는 교육청에서 발급한 구글 계정(예: ~ @학교영어명칭.hs.kr)은 기관의 운영 정책이나 보안 설정에 따라 외부 서비스 이용이 제한되거나 기능이 일부 차단될 수 있으므로, 개인 구글 계정(~@gmail.com)으로 가입하는 것을 권장합니다.

04. 사용자 정보 입력 및 개인정보 동의

[Google로 계속하기]를 클릭한 뒤 화면의 안내에 따라 사용하는 구글 계정을 선택하면 사용자 정보 입력 화면이 나타납니다. 이 화면에서 성명과 생일을 입력한 뒤, 개인정보 수집·이용, 개인정보 제3자 제공, 개인정보의 국외 전송 항목을 모두 확인하고 필수 항목에 동의해야 합니다. 성명 입력은 계정의 표시용이므로 별명 사용이 가능하며, 이후 좌측 하단 [프로필 아이콘] → [설정] → [계정] → [이름]에서 변경할 수 있습니다. 다만 유료 결제 시 발급되는 영수증(세금계산서)의 명의와 주소는 반드시 실제 정보여야 합니다. 또한 생년월일은 서비스 이용 가능 연령 확인(만 13세 이상, 만 18세 미만은 보호자 동의)을 위한 필수 항목이므로 본인의 정확한 생년월일을 입력해야 합니다. 모든 내용을 입력하고 동의 체크를 완료한 후, [계속] 버튼을 클릭하면 다음 단계로 진행됩니다.

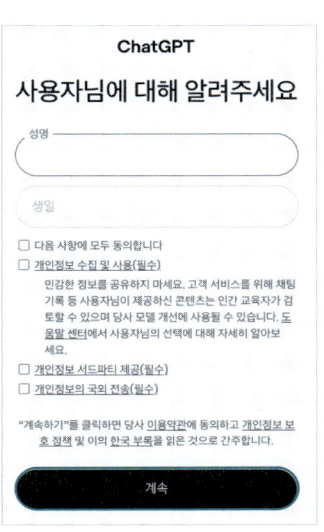

사용자 정보 입력 및 개인정보 동의 화면

05. 회원가입 완료 및 시작 안내 화면

모든 절차를 마치면 챗GPT 시작 안내 화면이 나타납니다. 이 팝업에서는 챗GPT 사용 시 유의해야 할 기본 사항(질문 가능 범위, 민감한 정보 취급 주의, 사실 여부 확인)을 간단히 안내합니다. [이제 시작하죠] 버튼을 클릭하면 챗GPT 메인 화면으로 이동합니다.

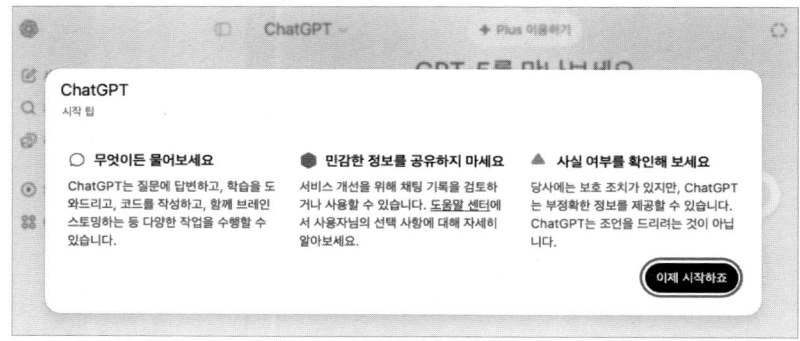

회원가입 완료 후 나타나는 시작 안내 화면

2.1.2 스마트폰에서 무료 버전 계정 생성 절차

01. 앱 설치 및 실행

스마트폰에서 챗GPT를 사용하려면 먼저 전용 애플리케이션을 설치해야 합니다. iPhone 사용자는 앱스토어(App Store), 안드로이드 스마트폰 사용자는 구글 플레이스토어(Play 스토어)에서 'ChatGPT(또는 챗지피티)'를 검색합니다. OpenAI 회사의 블로섬 로고(Blossom logo, 원과 직각의 매듭 모양 심볼)가 표시된 공식 앱을 확인한 뒤 [설치] 버튼을 눌러 다운로드합니다. 설치가 완료되면 [열기] 버튼이나 앱 서랍에서 챗GPT 앱 아이콘을 찾아 실행합니다.

스마트폰에서 챗GPT 앱 설치 화면

02. 시작 화면에서 회원가입 선택

앱을 처음 실행하면 화면 하단에 [Google로 계속하기], [회원 가입], [로그인] 버튼이 표시됩니다. 새 계정을 만들려면 [Google로 계속하기] 또는 [회원 가입] 버튼을 선택합니다. 이전에 PC에서 구글 계정으로 이미 가입한 경우, [Google로 계속하기]를 누른 뒤 가입한 계정을 선택하면 바로 로그인됩니다.

스마트폰 챗GPT 앱 첫 실행 화면

03. 구글 계정 선택 및 사용자 동의

[Google로 계속하기]를 누르면 기기에 등록된 구글 계정 목록이 표시됩니다. 사용할 계정을 선택하면 사용자 정보 입력 화면이 나타납니다. 이 화면에서 성명과 생년월일을 입력하고, 개인정보 수집·이용, 개인정보 제3자 제공, 개인정보의 국외 전송 항목을 모두 확인한 뒤 필수 항목에 동의합니다. 모든 내용을 입력하고 동의 체크를 완료한 후, [계속] 버튼을 클릭하면 회원 가입이 완료됩니다.

2.1.3 로그인, 버전 선택, 언어 설정 방법

01. 로그인

한 번 가입한 계정은 PC·스마트폰·태블릿PC에서 모두 사용할 수 있습니다.

PC에서는 크롬 브라우저 주소창에 https://chatgpt.com/을 입력해 접속한 뒤, 첫 화면의 [로그인]을 클릭합니다. 스마트폰·태블릿PC에서는 챗GPT 앱을 실행해 시작 화면의 [로그인]을 탭합니다. 구글 계정으로 가입한 경우, [Google로 계속하기]를 클릭하고 챗GPT에 가입한 구글 계정을 선택하면 로그인이 완료됩니다.

학교에서 챗GPT 유료 계정을 구입하여 교사에게 계정을 배부한 경우에는 이미 로그인된 개인 계정에서 로그아웃을 먼저 진행하고 나서, 학교에서 제공한 이메일 주소와 비밀번호로 새로 로그인해야 합니다.

로그아웃하는 방법은 먼저 PC(웹 브라우저)에서는 화면 왼쪽 하단의 프로필 아이콘을 클릭한 뒤 [로그아웃]을 선택하고, 앱에서는 화면 왼쪽 상단의 메뉴를 누른 뒤, 아래의 프로필을 누르고 [로그아웃]을 선택하면 됩니다.

PC에서 챗GPT 로그아웃 메뉴 화면

02. 버전(모델) 선택

챗GPT 유료 계정(Plus, Pro)으로 로그인하면 대화 화면 상단에 현재 사용 중인 모델명이 표시되는데, 2025년 9월 기준으로 [ChatGPT 5] 모델이 기본값으로 선택되어 있으며, 'GPT-5 Auto', 'GPT-5 Instant', 'GPT-5 Thinking', 'GPT-5 Pro' 네 가지 모델이 목록에 나타납니다.

진행하려는 작업 목적과 성격에 맞는 모델을 선택한 뒤 질문하거나 작업을 지시하면 선택한 모델의 특성에 맞춘 결과를 받을 수 있습니다.

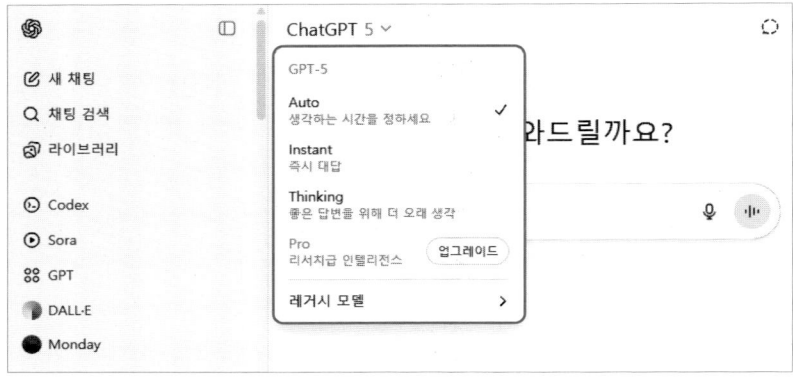

유료 버전에서 모델 선택 화면

모델별 특징과 적합한 작업 예시는 다음과 같습니다.

- GPT-5 Auto: 입력 난이도와 과업 성격을 분석해 Instant(속도 중심) ↔ Thinking(추론 중심)으로 자동 전환합니다. 간단한 초안·요약·번역은 빠르게 처리하고, 논리 전개·근거 마련이 필요하면 더 길게 사고한 뒤 답을 제시합니다.

- GPT-5 Instant: 빠른 응답과 즉시성을 최우선으로 설계된 채팅 모드입니다. 공지·가정통신문 초안, 행사 안내문, 짧은 번역·요약, 수업 자료 정리 등 즉시 대응이 필요한 업무에 적합합니다. 컨텍스트 윈도(context window: 모델이 한 번의 응답을 만들 때 동시에 읽고 기억해 둘 수 있는 입력·참조 총분량) 32K로, 영어 기준 약 24,000 단어(페이퍼백 기준 약 80쪽 내외 분량)를 한 번에 처리할 수 있습니다.

- GPT-5 Thinking: 다단계 추론과 근거 구성을 강화한 모드로, 수행평가 피드백 문장 정교화, 논술·서술형 문항 분석, 보고서·연구문서의 논리 구조 설계에 강점이 있습니다. 서술형·논술형 설계, 루브릭 개발, 선지 품질 개선, 난이도 조절, 정답 근거 설

명 등의 과제에 적합합니다. 컨텍스트 윈도 196K로 영어 기준 약 147,000단어(페이퍼백 기준 약 500쪽 내외 분량)를 한 번에 처리할 수 있습니다.

- **GPT-5 Pro**: 연구급(Research-grade) 인텔리전스로, 고난도 추론·심화 분석·대규모 기획에 최적화된 상위 옵션입니다. 대형 설문 분석, 장기 학교경영 계획 수립, 교육과정 재구성처럼 정밀도가 중요한 과업에 적합합니다. 컨텍스트 윈도 196K(Thinking과 동일)이며, Pro 요금제에서만 사용 가능합니다. 또한 일부 도구(예: Canvas)는 제한될 수 있어 과업 특성에 맞춰 모드 전환이 필요합니다.

모델을 선택하면 해당 모델이 즉시 적용되어 이후 대화에 반영됩니다. 새로운 대화를 시작할 때도 최근에 선택한 모델이 유지되지만, 환경이나 접속 기기에 따라 기본값으로 되돌아갈 수 있으므로 작업 전에 모델을 다시 확인하는 것이 좋습니다.

03. 언어 설정

챗GPT에서 사용할 언어를 변경하려면 화면 왼쪽 하단의 프로필 아이콘을 클릭한 뒤 [설정]을 선택합니다.

설정 화면이 열리면 왼쪽 메뉴에서 [일반]을 클릭하고, [언어] 항목을 선택합니다. 목록에서 원하는 언어를 선택하면 즉시 인터페이스 언어가 변경됩니다.

현재 챗GPT는 한국어·영어·일본어·중국어 등 59개 언어(2025년 9월 기준)를 지원합니다. 언어 '자동 탐지'는 사용자의 브라우저·기기에 설정된 언어가 지원 언어일 때 화면(메뉴·버튼)과 기본 응답 언어를 그 언어로 자동 전환해 주는 기능입니다. 예를 들어 기기 언어가 스페인어면 챗GPT 화면이 스페인어로 바뀝니다. 단, 지원 목록에 없는 언어는 자동 전환 대상이 아닙니다.

언어 변경은 PC와 모바일 앱 모두 동일한 절차로 진행되며, 계정 단위로 적용되므로 동일 계정으로 로그인한 다른 기기에도 동일하게 반영됩니다.

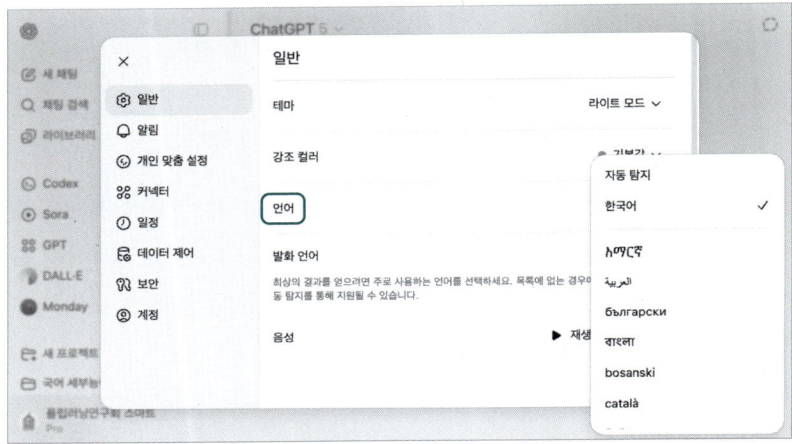

언어 설정 화면

2.2 챗GPT Plus 구독 및 요금제 안내

2.2.1 무료 vs GPT-5 Plus 유료, 학교생활기록부 결과물 차이

학교생활기록부처럼 정확성과 일관성이 중요한 문서를 작성하려면 GPT-5가 지원되는 Plus 이상 버전을 사용하는 것이 효과적입니다. 무료 버전도 GPT-5를 이용할 수 있으나, 시간당·일일 사용량에 제한이 있습니다. 예를 들어, 무료 버전 사용자도 GPT-5를 사용할 수 있으나 사용량 제한이 있습니다. 현재 기준으로 무료 플랜은 5시간당 최대 10개 메시지를 보낼 수 있고, 'GPT-5 Thinking'은 하루 1회만 이용 가능합니다. 무료 버전 사용자도 이미지 생성, 음성 모드, 파일 업로드·분석 기능을 사용할 수 있으나, 무료 플랜의 일일·시간당 이용 한도는 더 낮습니다. 예를 들어 파일 업로드는 하루 3개로 제한되며(상황에 따라 더 낮아질 수 있음), 음성 모드는 2025년 9월 9일 부터 'ChatGPT Voice'로 통합되어 로그인한 모든 사용자에게 제공됩니다. 생성형 인공지능의 대표적 단점인 할루시네이션(hallucination), 즉 사실이 아닌 내용을 그럴듯하게 만들어내는 현상은 무료/유료 구분 없이 발생할 수 있습니다. 무료 플랜은 사용 한도가 낮아 경량(작은) 모델로 전환될 가능성이 높습니다. 경량 모델은 세계 지식(일반 상식·사실·인명·지명 등 범용 지식의 폭과 깊이)이 상대적으로 적어 환각 빈도가 다소 높을 수 있습니다. 이 때문에 무료 버전에서는 작은 모델을 사용할 일이 상대적으로 많아 환각이 더 자주 나타날 수 있으므로 중요한 정보는 반드시 사실 확인을 거쳐야 합니다. 또한 무료 버전에서도 메모리(memory, 사용자 맞춤 정보 저장 기능)를 사용할 수 있으나, 경량 모델(GPT-4o mini) 기반으로 제공되므로 기억 반영의 정밀도와 일관성은 유료 버전 대비 제한적입니다. 따라서 동일한 작업에서도 결과물이 불안정할 수 있으며, 사용자는 필요한 정보를 반복 입력하거나 수정·재작업에 더 많은 시간을 들여야 할 가능성이 높습니다. 이로 인해 사전 학습이 거의 불가능하고 사용자는 잦은 수정과 재작업으로 시간과 노력을 낭비할 가능성이 높습니다.

챗GPT Plus(월 $20)는 무료 버전의 기능을 모두 포함하면서 이용 한도와 우선권을 크게 확장한 플랜입니다. 여기서 우선권은 서비스가 혼잡한 시간대에도 응답이 빠르고 중단이 적으며, 신기능을 먼저 사용할 가능성이 높다는 뜻입니다. Plus에서는 프로젝트(Project)로 채팅·파일·지시문을 한곳에 정리해 같은 맥락을 유지한 채 작업을 이어갈 수 있으며, 맞춤형 GPT를 직접 만들어 학교·학년·과목에 맞는 템플릿을 운용할 수 있습니다. 또한 메모리를 통해 사용자의 문체·형식 선호(예: 공문체, 1500바이트 규칙, 작품명·영상물 제목 '작은따옴표' 표기 등)를 기억해 반복 작업에서 일관성을 유지하도록 돕습니다. GPT-5의 공식 컨텍스트 윈도는 API 기준 400K 토큰이며(대략 A4 10포인트 글씨 기준 약 500~600쪽 분량), 방대한 지침과 자료를 나누지 않고 한 번에 검토·분석·생성하기가 수월합니다.

'장단'은 응답의 길이와 상세 정도를 의미하는데, 챗GPT 화면(UI)에 별도의 길이 조절 스위치가 있는 것이 아니라, 질문을 쓰는 방식으로 원하는 산출 형식을 명시해 조절합니다. 예를 들어 '세 줄로 핵심만 요약해 주세요.', '근거 3가지와 짧은 예시를 포함해 문단형으로 정리해 주세요.', '1500바이트 이내, 공문체로, 문장 끝은 '~함'으로 마무리해 주세요.'처럼 분량·톤·형식·구성을 구체적으로 지시하면 그에 맞게 응답의 장단이 자연스럽게 달라집니다.

이러한 유료 버전의 장점 때문에 학교생활기록부 작성에는 챗GPT Plus가 유리합니다. 긴 맥락(400K)을 바탕으로 학교 지침·평가 기준·활동 기록·금칙 표현·바이트 규칙을 한 프로젝트에 모아 두고, 메모리로 문체와 형식을 고정해 학생별 서술을 연속해서 작성·수정할 수 있기 때문입니다. 또한 우선권과 넉넉한 한도로 속도 저하나 차단 메시지(챗GPT가 사용량 한도에 도달했거나 서버가 혼잡할 때 더 이상 요청을 처리할 수 없음을 알리는 안내 문구)에 덜 영향을 받으며, 맞춤형 GPT 챗봇을 통해 과목·학년 맞춤 템플릿을 마련하면 품질의 균일성과 작업 속도를 동시에 확보할 수 있습니다.

챗GPT Pro(월 $200)는 Plus의 기능을 모두 포함하면서 상위 모델과 도구에 대한 접근 한도와 우선 처리가 확대된 플랜입니다. 무제한 모델 액세스는 남용 방지·공정 사용 정책 범위 안에서 사실상 무제한으로 활용 가능하다는 의미입니다. 예를 들어, 피크 시간대에도 우선 처리(prioritized traffic)와 피크 시간 제한 해제(no peak-hour limits)가 적용되어 모델 전환이나 사용량 한도 초과 안내가 뜰 가능성이 낮습니다. Pro는 고급 음성(Advanced Voice)의 이용 한도가 상향되어 실시간 회의·발표·강의 등에서 영상, 화면 공유를 통해 음성 대화를 사용할 때 더 안정적으로 이용할 수 있습니다. 또한 커넥터(Connectors)를 통해 Google Drive, SharePoint, GitHub, Dropbox 등의 외부 서비스를 연결하여 문서·데이터·코드를 직접 불러와 분석하거나 활용할 수 있으며, Deep Research, ChatGPT Agent, Sora 등에 대한 확장 접근이 제공되어 심층 탐색·요약·영상 생성 같은 고부하 작업도 연속적으로 실행하기 용이합니다.

다만, 학교생활기록부 작성과 같은 교육 현장 업무에서는 챗GPT Plus만으로도 충분한 성능과 속도를 제공하므로 Pro까지 사용할 필요는 없습니다.

2.2.2 챗GPT Plus 구독 절차

01. 플랜 업그레이드 메뉴 열기

PC에서 챗GPT에 접속하여 가입한 무료 계정으로 로그인하면 화면 왼쪽 하단에 계정 이름과 아이콘이 있습니다. 이것을 클릭하면 메뉴가 나타나는데, 여기서 [플랜 업그레이드]를 선택합니다. 또는 화면 중앙 상단에 있는 [Plus 이용하기]를 클릭합니다.

PC 화면에서 플랜 업그레이드 메뉴

스마트폰 앱에서도 같은 방법으로 [플랜 업그레이드] 또는 [Plus 이용하기]를 탭합니다.

02. 구독 플랜 선택

[플랜 업그레이드]를 클릭하면 구독 요금제 선택 화면이 나타납니다. 화면에는 Free, Plus, Pro 세 가지 요금제가 나열되며, 각 요금제별 제공 기능

과 가격이 표시됩니다. 원하는 요금제를 확인한 뒤 [Plus 이용하기] 또는 [Pro 이용하기] 버튼을 클릭합니다. 그러면 결제 화면으로 이동합니다.

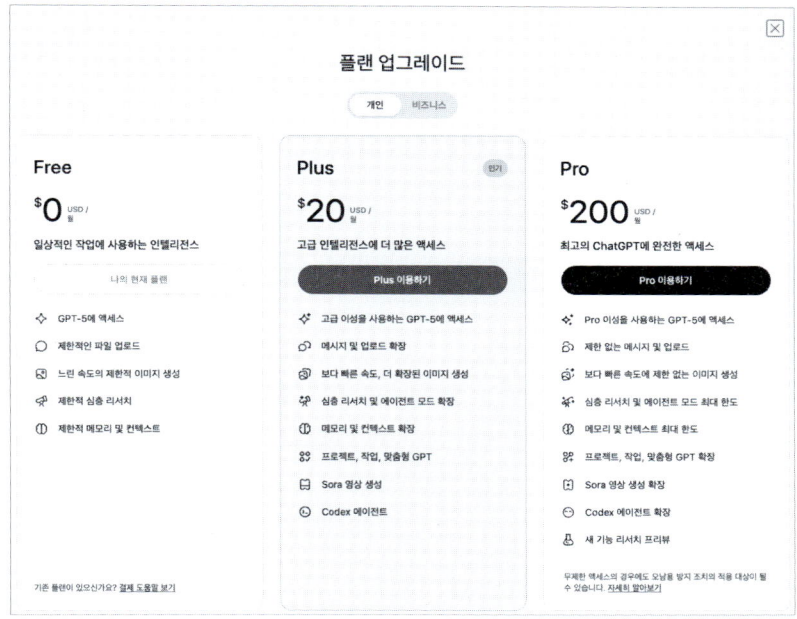

챗GPT 플랜 업그레이드 화면

03. 결제 정보 입력

구독할 요금제를 선택하면 결제 화면이 나타납니다. 오른쪽 상단에는 결제에 사용할 계정의 이메일 주소가 표시되며, 그 아래에 결제할 카드 정보를 입력합니다. 카드 번호, 유효기간(MM/YY), 보안 코드(CVC), 카드 소유자 이름 순으로 입력합니다. 이때 반드시 해외 결제가 가능한 신용카드 또는 체크카드를 사용해야 하며, 국내 전용 카드는 사용할 수 없습니다.

청구 주소는 국가를 '대한민국'으로 설정한 뒤, 영문 또는 한글로 주소를 입력합니다. 카드사의 요구사항에 따라 영문 주소 입력이 더 원활할 수 있으므로 가능하면 영문으로 입력하는 것을 권장합니다.

'더 빠른 체크아웃을 위해 내 정보 저장' 옵션을 선택하면, 다음 번 결제 시 카드 정보 및 청구 정보를 미리 입력하지 않아도 되기 때문에 보다 빠르게 결제를 진행할 수 있습니다.

'비즈니스 목적으로 구매합니다' 항목에 체크하면 세금계산서 발급을 위한 사업자등록번호 등의 정보를 추가로 입력할 수 있는 입력란이 표시됩니다.

모든 정보 입력이 완료되면 결제 이용 약관에 동의한 뒤 [구독하기] 버튼을 클릭하여 결제를 진행합니다. 결제가 완료되면 바로 챗GPT Plus 또는 Pro 계정을 이용할 수 있습니다.

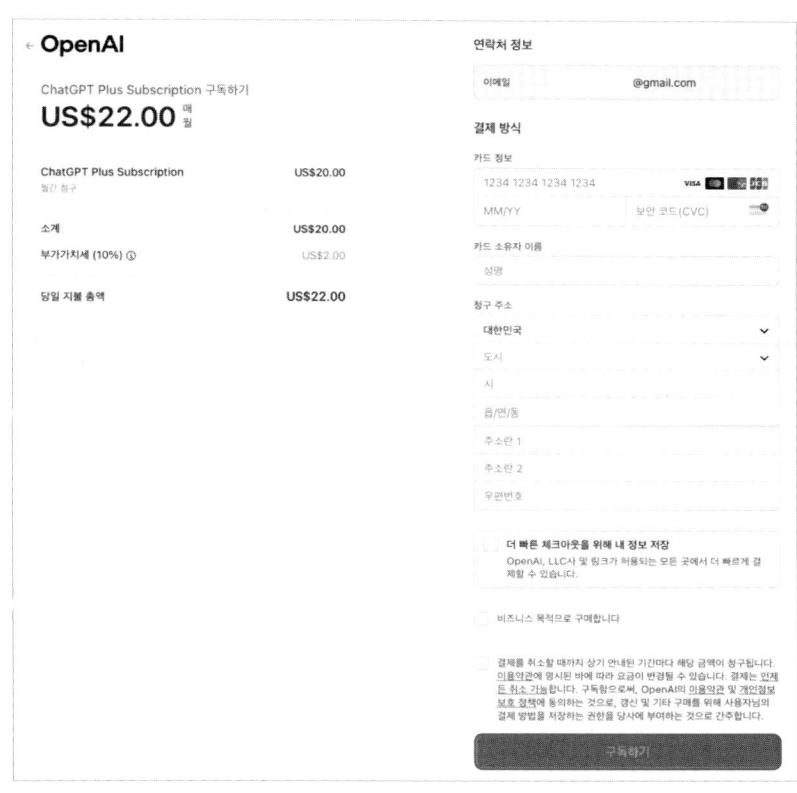

챗GPT Plus 결제 정보 입력 화면

04. 구독 취소 방법

챗GPT 유료 구독을 취소하려면 화면 왼쪽 하단의 프로필 아이콘을 클릭한 뒤 [설정]을 선택합니다. 설정 메뉴에서 [계정] 항목을 클릭하면 현재 구독 중인 요금제 정보가 표시됩니다.

오른쪽의 [관리] 버튼을 클릭하여 [구독 취소]를 선택하면 안내 절차에 따라 자동 갱신이 해제됩니다. 구독 취소를 완료하면 다음 결제일부터 요금이 청구되지 않으며, 이미 결제한 기간이 끝날 때까지는 유료 기능을 계속 사용할 수 있습니다.

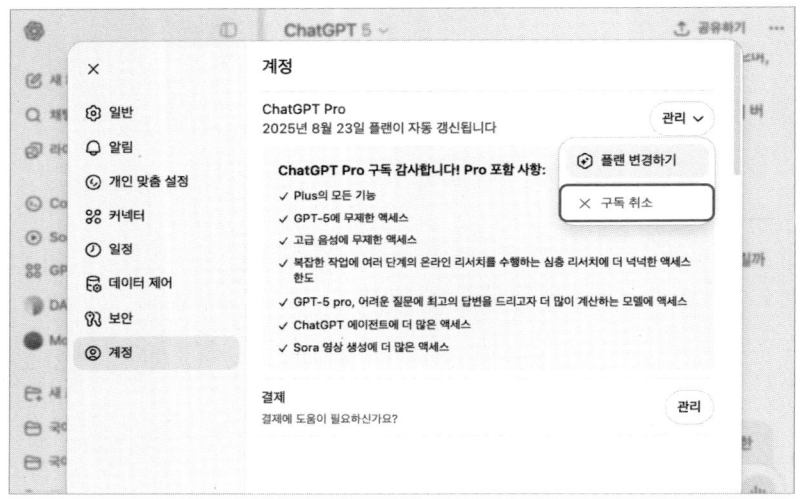

챗GPT 구독 취소 메뉴

2.2.3 학교 예산으로 챗GPT Plus 구독 품의 및 구매 절차(S2B 활용)

경기도교육청 「2025학년도 학교회계 예산편성 기본지침」에 따르면 교육운영비 항목에 구독형 교육용 소프트웨어 구입비가 포함되어 있습니다. 따라서 교과별 또는 연구부에 배정된 교육운영비 예산에서 해당 구입비가 충분히 확보되어 있는지를 먼저 확인해야 합니다. 예산이 확보되었다면 학교장터(S2B, https://www.s2b.kr/)에 접속하여 검색창에 '챗GPT

Plus'를 입력한 뒤, 학교 예산 규모와 구독 기간에 적합한 상품을 선택해 품의를 진행합니다. 품의서는 아래 예시를 참고하여 작성할 수 있습니다.

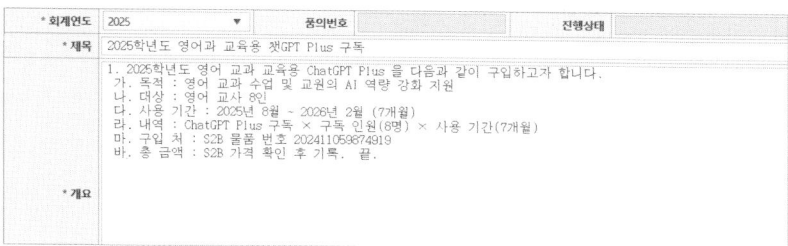

품의서 예시

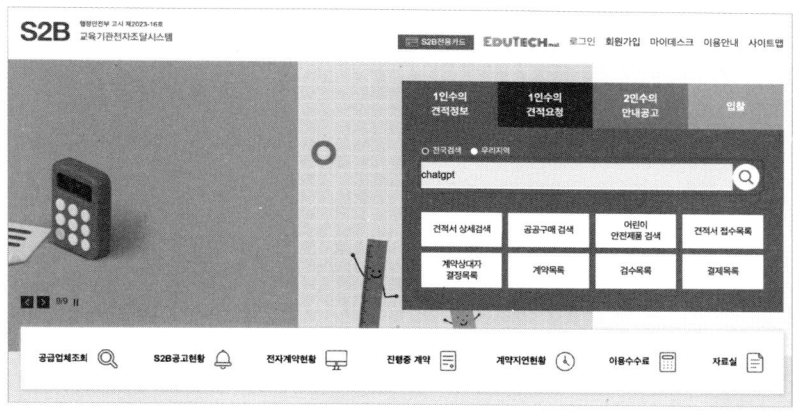

S2B 챗GPT 검색 화면

S2B는 한국교직원공제회가 운영하는 교육기관 전자조달 시스템으로, 등록된 물품번호를 사용하면 견적 요청 없이 수의계약 방식으로 바로 구매할 수 있습니다. 품의 결재가 완료되면 행정실에서 구매 절차를 진행합니다. 이후 구매 업체가 품의 상신 교사에게 이메일 또는 문자로 계정 발급

관련 안내를 보내며, 교사는 제공된 계정으로 로그인해 비밀번호를 변경한 후 즉시 사용할 수 있습니다.

2.2.4 챗GPT Plus 계정 공유의 위험성

학교에서는 교사 수 대비 예산 부족 등의 이유로 학년별·교과별·부서별로 챗GPT Plus 계정을 하나만 구매해 여러 교사가 함께 사용하는 경우가 있습니다. 그러나 이러한 방식은 OpenAI 서비스 이용 약관에 위반되며, 각 계정은 반드시 한 명의 사용자만 이용해야 합니다. 여러 명이 한 계정을 공유하는 행위는 엄격히 금지되어 있으며, 적발 시 계정 정지나 해지 등의 제재를 받을 수 있고, 학교 전체 계정 사용에도 차질이 발생할 수 있습니다.

OpenAI는 여러 명이 사용할 수 있는 팀 계정(Team Plan)을 제공하지만, 이 경우에도 구성원별로 독립된 seat(사용 권한)를 각각 구독해야 하며, 하나의 seat를 여러 명이 공유하는 것은 허용되지 않습니다.

챗GPT의 메모리(사용자 맞춤 정보 저장)는 개별 계정 기준으로 동작합니다. 따라서 여러 사람이 하나의 계정을 사용하면 메모리가 사용자별 스타일·작업 방식·선호도를 일관되게 학습·적용하기 어려워 의도한 대로 정상 작동하지 않습니다. 그 결과 동일한 정보를 매번 반복 입력해야 하는 번거로움이 생기고, 작업 시간이 늘어나 업무 효율성과 집중도가 저하될 수 있습니다.

따라서 예산이 부족하더라도 하나의 계정을 여러 명이 공유하는 방식은 반드시 피해야 하며, 교사별로 독립된 계정을 구매하거나 팀 계정을 구독해 각 교사가 개별 seat를 확보하는 것이 필요합니다.

2.3 학교 네트워크 환경 최적화

2.3.1 속도 저하 원인과 예방

학교에서 챗GPT를 활용해 수업을 진행할 때 여러 명의 학생이 동시에 교내 와이파이나 컴퓨터실의 유선 인터넷(LAN)을 통해 접속하면 네트워크 대역폭의 한계를 초과해 과부하가 발생할 수 있습니다. 챗GPT는 학교 내부 서버가 아닌 OpenAI의 외부 서버와 지속적으로 데이터를 주고받기 때문에 접속자가 많아질수록 데이터 전송 속도 저하와 응답 지연 현상이 발생하기 쉽습니다. 특히 단시간에 다수의 요청이 같은 네트워크에서 OpenAI 서버로 집중되면, OpenAI가 이를 비정상적인 트래픽 또는 악성 트래픽(DDoS 공격 등)으로 간주해 해당 IP 주소를 수 분에서 수 시간 동안 차단(IP 차단, IP block)할 수 있습니다. 이 경우 학교 전체에서 챗GPT 사용이 불가능해져 수업에 큰 차질이 생길 수 있습니다. 이러한 문제를 예방하려면 네트워크 트래픽을 분산시키는 방법을 미리 준비해야 하며, 예상치 못한 속도 저하나 IP 차단이 발생할 경우를 대비해 오프라인 활동 자료(프린트, 화면 캡처본, 미리 생성한 텍스트)를 준비해 두면 수업이 중단되는 것을 방지할 수 있습니다.

2.3.2 개인 핫스팟 활용

최근 많은 중·고등학생은 가정에서 학부모가 제공하는 LTE급 이상, 또는 무제한 데이터 요금제를 사용하여 안정적이고 빠른 인터넷 접속 환경을 갖추고 있습니다. 이는 여가 소비뿐만 아니라 정보 검색, 자료 조사, 인공지능 기반 학습 탐구 등 교육적 목적을 지원하기 위해 마련된 경우도 적지 않습니다. 이러한 환경을 수업 및 과제 수행 등 합법적·교육적 범위 내에서 활용하면 학습 효율을 높일 수 있습니다. 특히, 개인 핫스팟을 사용하면 각자가 자신의 네트워크를 통해 별도의 IP 주소로 접속하게 되어, 학교 내부 네트워크의 과도한 부하를 줄이고 트래픽을 자연스럽게 분산시킬 수 있습니다. 이는 속도 저하나 접속 지연 같은 문제를 예방하고, 원활한 온라인 학습 환경 조성에 기여할 수 있는 방법 중 하나입니다. 데이터 사용량이 제한된 학생이라도, 1시간 수업에서 텍스트 기반 질의응답만 진행하는 경우 약 30~50개의 프롬프트를 주고받게 됩니다. 이 경우 전체 데이터 사용량은 2MB~15MB 수준으로, 사진 한두 장 전송하는 양과 비슷합니다. 다만, 장시간 사용 시 배터리 소모가 크므로 충전 장치를 준비하는 것이 좋고, 보안을 위해 반드시 비밀번호를 설정하며, 공용 환경에서는 비밀번호가 노출되지 않도록 주의해야 합니다. 또한 접속 기기의 불필요한 파일 공유나 네트워크 공유 기능은 꺼두는 것이 안전합니다.

2.4 챗GPT 채팅 vs 캔버스(Canvas) 비교

2.4.1 학교생활기록부 작성 시 장단점 비교

학교생활기록부를 챗GPT Plus로 작성할 때는 기본 채팅 방식과 캔버스(Canvas) 기능 중 하나를 선택하여 활용할 수 있습니다. 두 방식은 각각의 개발 배경과 목적이 다르며, 장단점 또한 뚜렷하므로 작성 목적과 환경에 맞게 선택하는 것이 중요합니다. 기본 채팅은 원래 단문·장문을 신속하게 생성하고 간단한 질의응답에 대응하는 데 최적화된 환경이며, 캔버스는 문서 기반의 협업과 정밀 편집을 위해 도입된 기능입니다.

기본 채팅 방식의 가장 큰 장점은 안정성입니다. 텍스트 입력과 출력 중심으로 작동하기 때문에 시스템 오류나 버퍼링 발생이 드물고, 작성 과정이 끊기지 않으며 비교적 빠르게 진행됩니다. 이러한 이유로 짧은 시간 안에 다량의 문장을 생성해야 하거나 초안 작성 속도가 중요한 경우에 적합합니다. 다만 작성 내용이 길어지면 스크롤을 계속 내려 전후 내용을 확인해야 하는 번거로움이 있고, 문장 간 흐름을 놓칠 위험이 있어 최종 점검 과정이 반드시 필요합니다. 이러한 불편을 줄이기 위해서는 채팅목록 상단의 검색 기능을 활용하거나 작성 중간에 내용을 분리해 관리하는 방법이 도움이 됩니다.

캔버스 기능의 장점은 편집 편의성입니다. 화면 왼쪽에서 프롬프트를 입력하고 오른쪽에서 문서를 직접 편집할 수 있어, 문장 위치 변경, 단어 교체, 오탈자 수정 등을 실시간으로 처리할 수 있습니다. 전체 문맥을 한눈에 확인하며 수정할 수 있으므로 문장 간 일관성과 가독성을 유지하는 데 유리합니다. 다만 네트워크 불안정이나 시스템 오류로 작업 중인 문서가 초기화(리셋)될 수 있으며, 복구 기능이 있더라도 이력 탐색·선택 과정에서 오류가 발생할 수 있어 결과를 온전히 신뢰하기 어렵습니다. 이러한 위험을 줄이려면 작성 중 주기적으로 다운로드 기능을 활용하여 문서를 백업하고, 안정적인 네트워크 환경에서 작업하는 것이 좋습니다.

결론적으로, 빠른 작성과 안정성을 우선한다면 기본 채팅 방식이 적합하며, 정밀한 수정과 전체 문맥 관리가 필요하다면 캔버스 기능이 효과적입니다. 필요에 따라 두 방식을 병행하는 것도 효율적인 선택이 될 수 있습니다.

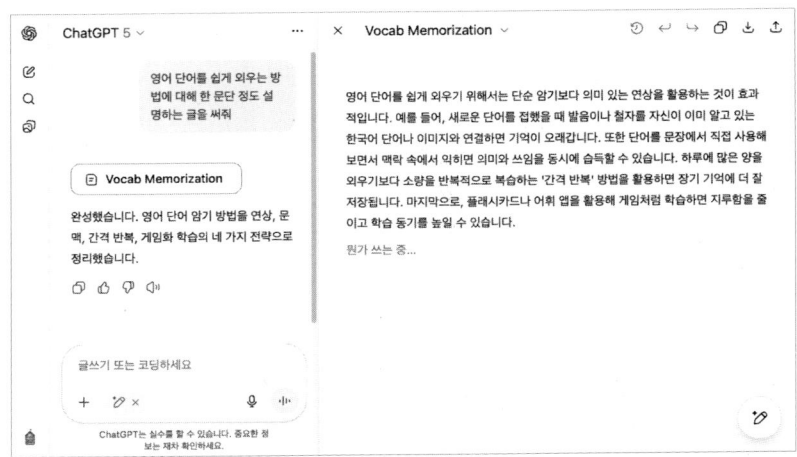

캔버스 화면

2.4.2 캔버스 주요 기능

챗GPT 캔버스는 문서 작성 및 편집 도구로, 교사와 챗GPT가 문서를 기반으로 정밀하게 협업할 수 있도록 설계된 기능입니다. 문장이나 표현 하나하나를 정확히 수정하고 개선할 수 있으며, 이전 버전의 문서를 관리하고 언제든지 복원하거나 비교하는 기능도 갖추고 있습니다. 특히 수정 전후의 내용을 명확하게 비교할 수 있어 변경된 부분을 한눈에 확인할 수 있습니다. 학교생활기록부처럼 학생 개개인의 특기사항을 문장 또는 어구 단위로 정밀하게 수정할 때 매우 유용하며, 작성된 내용을 학생 번호별로 정렬하여 효율적으로 관리할 수 있습니다.

편집 제안 기능은 화면 하단 오른쪽에 있는 반짝임이 있는 연필 모양 아이콘(편집 제안 버튼)을 클릭하면 사용할 수 있습니다. 버튼을 누르면 편집 제안뿐 아니라 길이 조절, 이모지 추가, 어투 변경, 맞춤법 및 문장 다듬기 등 다양한 편집 옵션이 팝업 형태로 제공됩니다.

1. **편집 제안 기능:** 반짝임이 있는 연필 모양 아이콘으로 표시되며, 클릭하면 선택한 문장이나 문단에 대해 GPT가 댓글 형태로 수정·개선안을 제시합니다. 원본을 직접 변경하지 않고 대안 문구, 어휘 선택, 문장 구조 개선 등의 제안을 받아볼 수 있어, 협업 문서나 학교생활기록부 작성처럼 원본 보존이 필요한 작업에서 유용합니다.

캔버스 편집 제안 기능

2. **길이 조절 기능:** 양쪽 화살표 모양 아이콘으로 표시되며, 작성한 문장의 길이를 원하는 만큼 손쉽게 늘이거나 줄일 수 있습니다. 학교생활기록부 특기사항처럼 지정된 글자 수나 바이트 수에 맞춰 내용을 간단히 축약하거나 확장할 때 효과적입니다.

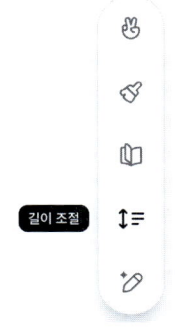

캔버스 길이 조절 기능

3. **독해 수준 조정 기능**: 책이 펼쳐진 아이콘으로 표시되며, 작성 목적과 대상(학생 본인, 학부모, 대학 입학사정관 등)에 맞춰 문장 길이·어휘 난이도·어조를 조정할 수 있습니다. 예를 들어, 학생·학부모용 안내 문안은 쉽고 명확하게, 대학 평가용 문서는 학생의 역량과 잠재력이 드러나도록 더 전문적인 표현으로 다듬을 수 있습니다.

캔버스 독해 수준 기능

4. **이모지 추가 기능**: 손가락 브이(V) 모양 아이콘으로 표시되며, 선택한 문장이나 단어에 적합한 이모지를 빠르게 추가할 수 있습니다. 학교생활기록부 작성에는 사용되지 않지만, 블로그나 SNS 게시물 작성 시 시각적 강조와 친근한 분위기 연출에 유용합니다.

캔버스 이모지 추가 기능

5. **마지막으로 다듬기 기능**: 페인트 붓 모양 아이콘으로 표시되며, 문법 오류를 수정하고 부자연스러운 표현을 매끄럽게 다듬어 문서 완성도를 높입니다.

캔버스 마지막으로 다듬기 기능

이러한 문서 편집 기능을 상황에 맞게 활용하면 학교생활기록부 작성의 효율성을 높이는 동시에, 내용의 정확성·명확성·가독성을 모두 개선할 수 있습니다. 특히 생기부를 평가와 진로 지도의 중요한 자료로 활용하는 교사, 입시 평가 자료로 활용하는 대학 입학사정관, 자녀의 학교생활 전반을 이해하려는 학부모 등 다양한 독자의 요구에 맞춰 내용을 조정하는 데 효과적입니다. 이를 통해 교사는 더 구체적이고 설득력 있는 생기부를 작성할 수 있으며, 학생은 자신의 학교생활과 역량을 보다 명확히 드러낼 수 있습니다.

한편, 챗GPT 캔버스 화면 오른쪽 위에는 작성된 문서를 효율적으로 편집하고 관리할 수 있는 여섯 가지 액션 아이콘이 있습니다.

캔버스 액션 아이콘

❶ 변경 사항 표시 기능 (시계 모양 아이콘)

캔버스에서 생기부를 작성하거나 수정할 때 이전에 작성된 문서 버전과 수정된 내용을 확인할 수 있도록 표시해 주는 기능입니다. 변경 사항을 쉽게 비교하거나 원하는 이전 버전으로 복원할 수 있어 문서 작성 과정에서 정확하고 효율적인 관리가 가능합니다.

❷ 실행 취소 기능 (왼쪽으로 휘어진 화살표 아이콘)

생기부 특기사항처럼 세부적이고 민감한 내용을 작성할 때 방금 편집한 내용을 즉시 이전 상태로 되돌릴 수 있는 기능입니다. 편집 중 실수한 부분을 빠르고 간편하게 되돌릴 수 있어 정확한 문서 작성을 지원합니다.

❸ 다시 실행 기능 (오른쪽으로 휘어진 화살표 아이콘)

실행 취소했던 작업을 다시 원래 상태로 복구하는 기능입니다. 생기부 작성 중 수정한 내용을 취소했다가 다시 쉽게 복원할 수 있어 편집의 유연성과 효율성을 높일 수 있습니다.

❹ 문서 복사 기능 (문서가 두 개 겹쳐진 아이콘)

이미 작성된 생기부 특기사항이나 평가 문구 등을 복제하여 동일한 문서를 빠르게 만들 수 있는 기능입니다. 특정 학생의 특기사항이나 평가 내용을 다른 학생에게 유사하게 적용하여 작성할 때 간편하게 업무를 처리할 수 있습니다.

❺ 다운로드 기능 (아래쪽 화살표 아이콘)

작성된 생기부 관련 문서를 PDF, 워드(.docx), 마크다운(.md) 등 다양한 형식으로 간단하게 다운로드하여 컴퓨터에 저장할 수 있는 기능입니다. 학교 내부 보관이나 나이스 기록을 위한 문서를 효과적으로 관리할 때 유용합니다.

❻ 공유하기 기능 (위쪽 화살표 아이콘)

생기부 작성 문서를 다른 교사나 업무 담당자와 손쉽게 공유할 수 있는 링크를 생성하는 기능입니다. 공동 작업이나 문서 검토가 필요할 때 간편히 링크를 통해 공유하여 효율적인 업무 협력을 가능하게 합니다.

이러한 여섯 가지 기능을 상황과 목적에 따라 적절히 활용하면 학교생활기록부 작성의 품질과 효율성을 높이고, 문서 편집과 관리에 드는 시간과 노력도 크게 절약할 수 있습니다.

2.5 챗GPT 프로젝트 기능 개요

챗GPT의 '프로젝트(project)'는 대화, 파일, 지침을 한 곳에 모아 체계적으로 관리할 수 있는 스마트 작업 공간입니다. 단순한 일회성 대화에 그치지 않고, 장기적인 작업을 주제별로 정리하며 반복 업무를 효율적으로 수행할 수 있도록 돕는 것이 핵심입니다. 프로젝트 단위로 작업을 구성하면 흐름을 놓치지 않고 이전 대화를 이어갈 수 있으며, 대화 방식이나 답변 형식을 한 번 설정해 두면 같은 지시를 매번 반복하지 않아도 된다는 장점이 있습니다.

예를 들어, 학교생활기록부 작성 업무에서 '과목별 세부능력 및 특기사항', '진로활동 특기사항', '행동특성 및 종합의견' 등 항목별로 프로젝트를 나누어 정리하면, 각 항목에 적합한 말투나 양식을 사전에 지정하고 영역별·반별로 대화를 나누어 특기사항을 생성하며 지속적으로 관리할 수 있습니다. 업로드한 파일과 작성 중인 문서를 바탕으로 정밀한 피드백을 주고받아 생기부를 다듬을 수 있어 업무의 정확성과 일관성이 크게 향상됩니다.

프로젝트 기능은 챗GPT 유료 이용자(Plus, Pro, Team)에게만 제공되며, 프로젝트 내에서는 기존 채팅에서 사용 가능한 이미지 생성, 음성 대화, 웹 검색, 캔버스, 심층 리서치 등 모든 기능을 그대로 활용할 수 있습니다.

2.5.1 프로젝트 생성 방법

01. 새 프로젝트 만들기

챗GPT 유료 계정(Plus, Pro, Team)으로 로그인한 뒤, 왼쪽 사이드바 상단의 [+ 새 프로젝트] 버튼을 클릭합니다. 프로젝트의 주제를 구체적으로 입력하여 이름을 정합니다. 이름을 입력한 뒤 [프로젝트 만들기] 버튼을 누르면 프로젝트가 생성됩니다.

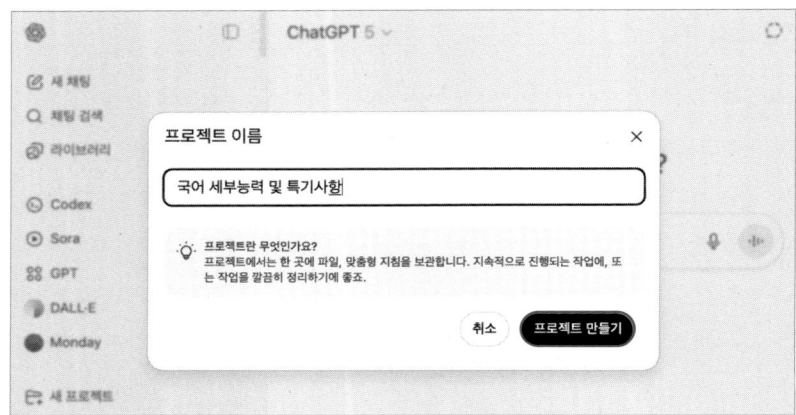

새 프로젝트 만들기

02. 파일 추가하기

새로 만든 프로젝트 화면에서 [파일 추가] 버튼을 클릭합니다. 학교생활기록부 기재요령, 교과 성취기준, 생기부 관련 연수자료 등 작성에 필요한 파일을 최대 20개까지 드래그하여 업로드할 수 있습니다. 업로드한 파일은 프로젝트 대화 중 언제든지 참고 가능하며, 해당 파일을 기반으로 응답을 생성할 수 있습니다.

03. 지침 추가하기

프로젝트 화면에서 [지침 추가] 버튼을 클릭합니다.

파일 추가 및 지침 추가

'지침 추가'에 아래와 같이 작성 규칙을 설정할 수 있습니다.

📒 프로젝트 지침 예시

✏️ 형식 규칙
✓ 한 문단의 줄글 형태로 작성
✓ 문장 끝은 반드시 '~함.' 또는 '~임.'으로 종결
  예: 태도가 모범적임. / 수업에 적극적으로 참여함.

🚫 문체 규칙
✓ '학생은'과 같은 주어 표현 사용 금지
✓ 격식 있고 학문적인 어휘 사용

🏷️ 분량 규칙
✓ 한글 1글자=3바이트, 공백 · 기호 · 숫자 · 영문=1바이트로 계산
✓ 교사가 지정한 바이트 수에 맞춰 작성

지침을 저장하면 이후 프로젝트 내 모든 대화에 자동으로 적용되므로 동일한 요청을 반복 입력할 필요가 없습니다.

04. 프로젝트 안에서 질문 입력하기

프로젝트 입력창에 아래의 프롬프트 예시와 같이 질문을 입력하면, 업로드한 파일과 지침을 기반으로 맞춤형 응답이 생성됩니다.

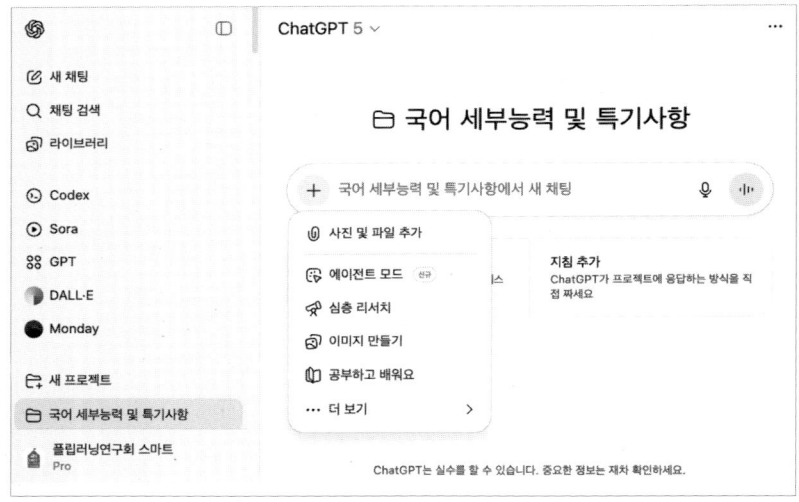

프로젝트 내에서 질문 입력 및 파일 업로드하기

 국어 세부능력 및 특기사항 프로젝트에서 업로드한 공통 국어1 성취기준 중 '토론 활동' 관련 성취기준을 제시해 줘.

[10공국1-01-02]:
논제의 필수 쟁점별로 논증을 구성하고 논증이 타당한지 평가하며 토론한다.

평가 기준: 논제에 따라 알맞은 필수 쟁점을 파악하고, 각 쟁점별로 주장과 이유 및 근거, 예상되는 반론에 대한 반박을 충분히 갖추어 논증을 구성하며, 논증의 타당성을 비판적으로 평가하여 토론에 참여하는 능력을 평가함.

2.5.2 프로젝트 관리 및 활용 방법

01. 프로젝트 정리하기

사이드바의 기존 채팅 중 원하는 대화를 클릭한 상태로, 프로젝트 영역으로 드래그 앤드 드롭하면 해당 대화를 프로젝트 안에 추가할 수 있습니다.

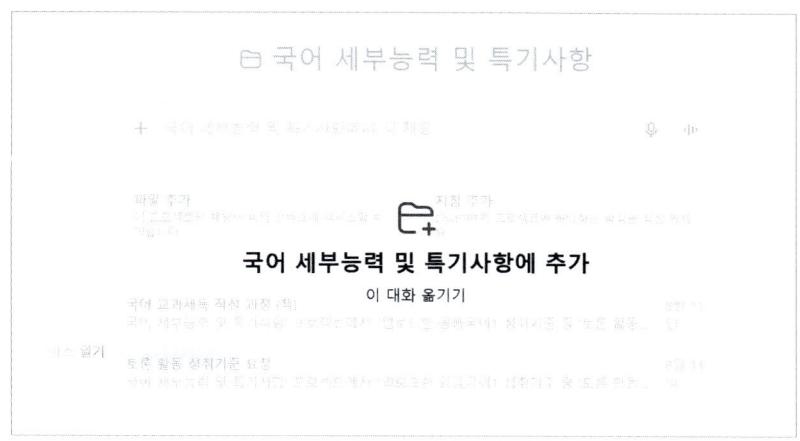

대화 드래그 앤드 드롭

프로젝트 제목 옆 더보기(…) 아이콘을 클릭하면 프로젝트 이름 바꾸기와 삭제를 할 수 있습니다. [프로젝트 삭제]를 클릭하고 확인을 누르면 모든 채팅과 파일이 영구 삭제되므로 삭제 전 반드시 백업해야 합니다.

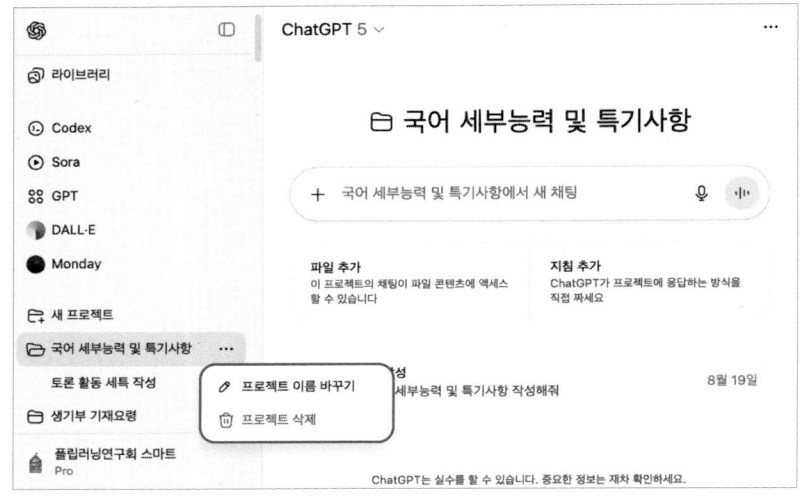

프로젝트 이름 바꾸기 및 삭제

02. 개별 채팅 관리 및 공유

프로젝트 내 특정 채팅 옆 더보기(…) 아이콘을 클릭하면 개별 채팅을 공유 및 관리할 수 있습니다. [공유하기] 버튼을 누르면 링크가 생성되며, 이를 복사해 다른 교사나 담당자에게 전달하면 공동 작업이 가능합니다.

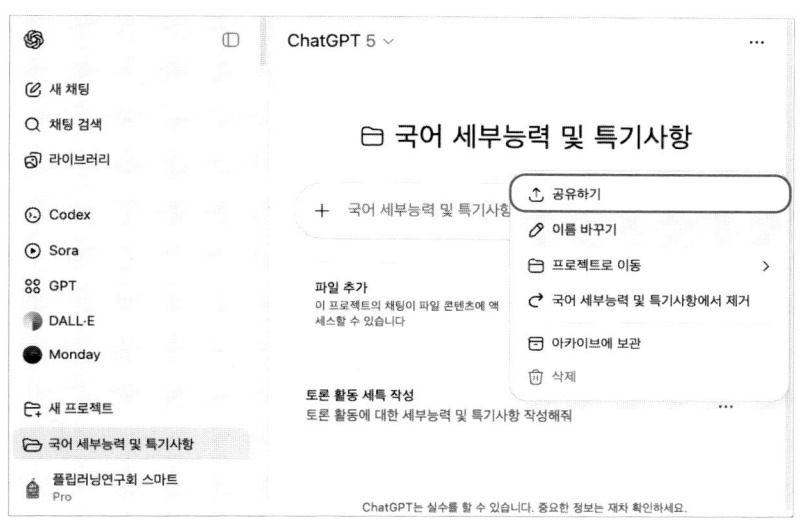

프로젝트 내 개별 채팅 공유 및 관리하기

PART

03

학교생활기록부 작성 전
챗GPT 사전 학습
필수 항목

앞서 살펴본 프로젝트 기능은 학교생활기록부처럼 여러 차례에 걸쳐 지속적으로 작성해야 하는 문서를 효율적으로 관리하는 데 유용합니다. 그러나 실제 학교생활기록부 서술형 항목 작성 전 단계에서 챗GPT가 학교와 교사의 작성 방식을 충분히 이해하도록 '사전 학습'을 거치는 것이 필수입니다. 챗GPT는 교사가 제공한 자료와 지침의 범위 안에서 결과물을 생성하므로 원하는 품질과 일관성을 확보하려면 필요한 자료를 미리 학습시키는 과정이 반드시 선행되어야 합니다. 다만, 이러한 사전 학습 기능은 챗GPT Plus(유료 버전)에서만 충분히 이루어질 수 있다는 점을 반드시 유의해야 합니다.

사전 학습에 포함해야 할 자료는 다음과 같이 네 가지 범주로 구분할 수 있습니다.

첫째, 교육부나 지역교육청에서 제공하는 필수 규정 또는 지침 자료입니다. 학교급에 맞는 해당 연도의 학교생활기록부 기재요령 전체와 '작성 시 유의사항'을 챗GPT에 학습시켜 최신 규정과 표현 방식을 준수하도록 합니다.

둘째, 교과별 기준 자료입니다. 교육부나 교육청에서 제공하는 과목별 세부능력 및 특기사항 기재 예시 자료와 나이스(NEIS)에 등록되어 있는 학교급·교과별 성취기준 자료를 업로드하여 교과별로 요구되는 표현과 평가 기준을 익히게 합니다.

셋째, 교사 개인 자료입니다. 이는 사전 학습에서 가장 중요한 부분으로, 교사가 소속 학교의 교과운영계획, 평가계획, 수행평가 세부 기준을 제공하면 챗GPT가 해당 교과의 특성과 실제 수업 상황을 반영한 구체적이고 적합한 문장을 작성할 수 있습니다. 이 자료는 학생 개별 특성에 맞춘 생기부 작성의 핵심 기반이 됩니다.

넷째, 서술형 항목 문장 작성 규칙입니다. 학교생활기록부 서술형 항목 작성 규칙과 바이트 수 계산법을 프롬프트로 미리 학습시켜 작성 과정에서 정확하고 일관된 문장을 산출하도록 합니다.

이제 챗GPT에 사전 학습시켜야 할 구체적인 항목과 방법을 하나씩 살펴보겠습니다.

3.1 공통 프롬프트 구조

사전 학습용 공통 프롬프트는 학교생활기록부 작성에서 모든 항목에 일관된 품질과 형식을 유지하기 위한 기본 틀입니다. 다음 요소를 포함하면 챗GPT가 작성 범위, 근거 자료, 규칙과 형식을 명확히 이해하고 안정적인 결과물을 생성할 수 있습니다.

- **작성 대상**: 학년, 학교급, 교과, 항목
- **자료 제공**: 성취기준, 학생 활동 내용, 평가 기준, 관찰 내용
- **작성 규칙**: 학교생활기록부 기재요령 준수, 학교별 내부 지침 반영, 금지 표현, 바이트 수 계산 기준, 문장 종결 방식 등(~함., ~임.)
- **출력 형식**: 줄글 또는 표 형식, 바이트 수 포함 여부

3.2 공통 프롬프트 예시

다음에 제시하는 공통 프롬프트 예시는 학교생활기록부 작성 전 단계에서 반드시 챗GPT에 학습시켜야 하는 핵심 자료를, 그 성격과 활용 목적에 따라 다섯 가지 유형으로 구분한 것입니다. 각 유형은 실제 작성 과정에서 빠질 수 없는 기반 자료로, 챗GPT가 학교별·교과별 규정과 지침을 정확히 이해하고 적용할 수 있도록 돕습니다. 또한 각 유형별로 실제 교사와 챗GPT 간의 대화 예시를 함께 제시하여 독자가 단순히 프롬프트 문장을 보는 데 그치지 않고, 자료 업로드부터 규칙 안내, 확인 응답까지의 전 과정을 구체적으로 확인할 수 있도록 하였습니다.

여기에서 교사와 챗GPT 간의 질문과 답변 내용을 세부적으로 제시하는 이유는 챗GPT가 사용자의 지침과 작성 습관을 얼마나 정확하게 반영하느냐가 Plus 사용 여부, 메모리 기능 활성화 상태, 모델 버전, 그리고 사전 학습량 등에 따라 달라질 수 있기 때문입니다. 특히 메모리 기능을 켜지 않거나 충분한 사전 학습을 진행하지 않은 경우, 초기 작성 단계에서는 원하는 방향대로 답변이 바로 나오지 않을 가능성이 있습니다. 따라서 실제 대화 예시를 참고해 질문과 답변 모두를 입력·조정하는 과정을 이해하는 것이 중요합니다. 이를 통해 사용자는 자신의 상황과 필요에 맞는 자료 유형을 선택하고, 제시된 예시를 그대로 또는 변형하여 적용함으로써 보다 정확하고 일관성 있는 학교생활기록부 작성이 가능해집니다.

01. 학교생활기록부 기재요령 매뉴얼(고등학교) 사전 학습

다음은 학교생활기록부 기재요령 매뉴얼의 공통 프롬프트 예시와 실제 대화 예시입니다. 이 매뉴얼을 통해 교사는 전체 규정 학습과 함께, 특히 2페이지에 걸쳐 수록된 '학교생활기록부 작성 시 유의사항'을 챗GPT에 사전 학습시켜야 합니다.

공통 프롬프트 예시

이 파일은 [0000학년도][학교급] 학교생활기록부 기재요령 전체 매뉴얼입니다. 문서의 모든 규정을 학습하고, 특히 매뉴얼에 2페이지에 걸쳐 있는 '학교생활기록부 작성 시 유의사항' 내용을 집중적으로 숙지하세요. 유의사항에 포함된 서술형 입력 항목 작성 원칙, 금지 항목, 허용 범위, 예외 규정까지 모두 반영하여 작성해야 합니다.

실제 대화 예시

지금부터 2025학년도 고등학교 학교생활기록부 기재요령(부록 A-3)을 학습시킬게요. 먼저 고등학교용 매뉴얼 전체를 업로드합니다.

네, 파일을 확인했습니다. 전체 매뉴얼을 학습한 결과, 다음과 같은 내용을 숙지했습니다.

- 각 항목별 기재 원칙과 분량 규정(과목별 세특, 창의적 체험활동, 독서, 행동특성 및 종합의견 등)
- 문장 작성 시 인칭·시제·종결어미 사용 지침과 객관적·구체적 서술 원칙
- 금지 사항: 사교육·과외·학원·특정 종교기관·상호명·상품명·개인정보·민감정보 기재 금지
- 허용 사항: 학교 교육계획에 따른 공식 활동, 교사가 관찰·지도한 활동
- 교사 작성 책임: 직접 관찰·지도 경험에 기반한 작성, 학생·학부모가 작성한 내용을 그대로 옮기지 않음
- NEIS 입력 시 주의: 바이트 수 계산 규칙, 특수문자 사용 제한
- 2025학년도 변경된 기재 기준 및 주의사항

좋아요. 이제 매뉴얼 2페이지에 걸쳐 있는 '학교생활기록부 작성 시 유의사항'은 파일 2개(부록 A-4)로 나누어 업로드하겠습니다. 이 부분을 집중적으로 학습해 주세요.

네, 두 파일을 확인했습니다. '학교생활기록부 작성 시 유의사항'에는 다음과 같은 규정이 포함되어 있습니다.

- 학생의 성장과 학습 과정을 사실에 근거하여 관찰·평가 중심으로 작성
- 사적 의견, 추측, 미래 예측, 과장된 표현 배제

- 학교교육계획 외의 활동(사교육, 사설기관 수강, 봉사활동 등) 기재 금지
- 특정 기관명, 단체명, 상호명, 상품명, 자격증명, 강사명 등의 명시 금지
- 수상경력·자격증 취득 사실은 해당 항목에서만 기재 가능
- 학생 개인 정보, 타인의 정보, 민감 정보 절대 기재 금지
- 교육활동 관련 사실을 기재하되, 교사의 관찰·지도 내용과 연계
- 학교장이 승인한 경우에만 예외적으로 외부 기관 활동 기재 가능
- 불필요한 수식어나 주관적 평가 대신 구체적 활동·성과 중심 기술
- 표현 시 문장 종결은 '~함.', '~임.' 사용

그럼 앞으로 학교생활기록부 서술형 항목을 작성할 때, 위 내용을 잘 기억하고 준수하세요.

네, 앞으로 모든 서술형 항목 작성 시 위 내용을 철저히 준수하겠습니다.

02. 과목별 세부능력 및 특기사항 기재 예시 사전 학습

다음은 과목별 세특 기재 예시 자료의 공통 프롬프트 예시와 실제 대화 예시입니다. 이 자료를 통해 교사는 학교급·교과별 작성 예시를 사전 학습시키고, 특히 자신의 교과 특성을 반영한 세부 기재 방법을 학습시키는 것이 중요합니다. 다음은 고등학교 영어과를 바탕으로 한 예시입니다.

공통 프롬프트 예시

이 자료는 [학교급][교과명]의 과목별 세부능력 및 특기사항 기재 예시입니다. 작성 시 이 자료의 표현 방식과 세부 기재 예시를 반드시 참고하세요.

실제 대화 예시

 지금부터 교육부에서 제공하는 '교과 세특 기재 역량 강화 연수를 위한 교과 세부능력 및 특기사항 기재 예시 도움 자료' 전체 파일(부록 A-5)을 업로드하여 사전 학습시킬게요.

 네, 파일을 확인했습니다. 전체 자료를 학습한 결과, 다음과 같은 내용을 숙지했습니다.

- 학교급별(초·중·고) 과목별 세특 작성 예시와 권장 문장 구조
- 성취기준 반영 방법과 학생 개별 활동 구체화 원칙
- 금지 표현, 객관적 서술 방식, 명사형 종결어 사용 규칙
- 과목 특성에 맞춘 평가 요소 및 어휘 선택 기준

 이번에는 그중 고등학교 부분만 학습해 주세요.

 네, 고등학교 부분을 중심으로 학습했습니다. 주요 내용은 다음과 같습니다.

- 모든 과목에서 학생 개별 성취 수준과 학습 태도를 구체적으로 기술함
- 수행평가와 수업 참여 태도, 발표 및 토론, 과제 수행 과정 중심으로 서술함
- 과목별 전문 용어와 학습 활동 결과를 포함하되, 주관적 평가를 배제함
- 문장은 한 문단의 줄글 형태로 작성하며, 종결은 '~함.' 또는 '~임.'으로 함

 이제 그중에서 고등학교 영어 교과 부분만 학습하세요.

 네, 고등학교 영어 교과 부분을 학습했습니다. 주요 내용은 다음과 같습니다.

- 듣기, 말하기, 읽기, 쓰기 활동을 균형 있게 반영하며 수행평가 결과와 수업 중 발표, 토론, 역할극 참여 등 구체적인 활동을 기록함

- 영어 의사소통 능력, 어휘 활용, 문법 적용 능력 등을 성취기준과 연결함
- 발음과 발화 능력, 자연스럽고 정확한 발음, 유창한 발화, 적절한 억양과 시선 처리, 몸짓 활용 등 표현 능력을 포함함
- 팀워크와 협력 태도에서 영어 대사 낭독에 어려움을 겪는 친구를 돕는 모습을 기재함
- 문화와 독서 확장 부분에서는 영화감독, 작가 등 문화 인물에 대한 관심과 영어 독서 활동을 기록함
- 성취기준 기반 성취 수준은 그림, 사진, 도표 설명 시 다양하고 적절한 어휘와 정확한 언어 형식을 사용하고 일상생활 주제에 대한 의견과 감정을 세부적으로 표현하며 자신, 주변, 일상생활에 관한 글을 성격과 특성이 드러나도록 작성함
- 관련 역량으로는 영어 의사소통 역량, 공동체 역량, 창의적 사고 역량을 포함함

그럼 앞으로 고등학교 영어 과목별 세부능력 및 특기사항 작성 시, 지금 학습한 내용을 잘 기억하고 준수하세요.

네, 앞으로 고등학교 영어 과목별 세특 작성 시 위 내용을 철저히 준수하겠습니다.

03. 나이스(NEIS) 과목별 성취기준 사전 학습

학교생활기록부 작성을 위해 챗GPT를 활용할 때 교사가 추가로 사전 학습시킬 수 있는 중요한 자료가 바로 교육과정 성취기준입니다. 이 자료에는 학교급별·교과별로 구체적인 기준이 제시되어 있어 학교생활기록부 작성의 핵심 참고 기준이 됩니다. 예를 들어 고등학교 1학년 '공통 국어 1'

과목의 성취기준을 학습시키려면, 나이스에 로그인한 뒤 '교과담임 → 지필/수행선행작업 → 성취기준관리' 메뉴에서 해당 연도(2025년), 학기(1학기), 학년(1학년), 과목(공통국어1)을 차례로 선택하고 [조회]를 클릭합니다. 이후 [출력] 버튼으로 화면에 표시된 성취기준 목록을 PDF 파일로 내려받아 챗GPT에 업로드하면 됩니다. 이렇게 성취기준을 사전 학습시키면 학교생활기록부 작성 시 구체적이고 정확한 표현으로 학생의 성취 수준을 반영한 결과물을 얻을 수 있습니다.

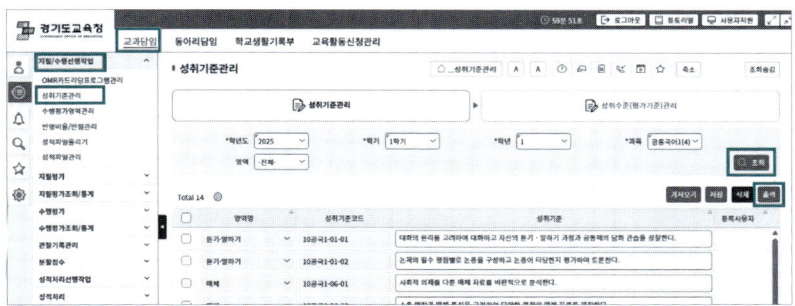

나이스 공통 국어1 성취기준 다운로드 페이지

다음은 나이스에서 내려받은 공통 국어 1 성취기준 자료의 공통 프롬프트 예시와 실제 대화 예시입니다.

공통 프롬프트 예시

 이 파일은 [0000학년도][0학년][과목명] 성취기준 자료입니다. 작성 시 이 성취기준과 평가기준을 반드시 반영하여 학생의 성취 수준을 정확하고 구체적으로 표현하세요.

실제 대화 예시

지금부터 고등학교 1학년 공통 국어 1 과목의 성취기준을 사전 학습시킬게요. 먼저 나이스에서 다운로드한 PDF 파일(부록 A-6)을 업로드하겠습니다.

네, 파일을 확인했습니다. 공통 국어 1 성취기준 자료를 학습한 결과, 다음과 같은 내용을 숙지했습니다.

- 듣기·말하기 영역에서는 대화의 원리를 고려하여 대화하고 자신의 듣기·말하기 과정을 성찰하며, 논제별 필수 쟁점에 따라 논증을 구성·평가하고 토론함
- 매체 영역에서는 사회적 의제를 다룬 매체 자료를 비판적으로 분석하고, 소통 맥락과 매체 특성을 고려하여 목적에 맞는 매체 자료를 제작함
- 문법 영역에서는 언어 공동체의 다양화에 따른 언어 실천 양상 분석, 음운 변동의 탐구와 적용, 문법 요소와 어휘의 표현 효과 평가 및 적절한 표현 생성이 포함됨
- 문학 영역에서는 문학 소통의 특성 이해, 갈래별 형상화 방법과 효과 분석, 작품 구성 요소와 맥락을 고려한 수용·창작이 제시됨
- 쓰기 영역에서는 내용 전개의 원리를 고려하여 사회적 쟁점에 대한 견해를 정교하게 표현하고, 다양한 언어 공동체의 특성을 반영하며 필자의 개성을 드러내는 글쓰기 기준이 포함됨
- 읽기 영역에서는 논증의 타당성 평가와 재구성, 진로나 관심 분야와 관련한 글·자료의 주제 통합적 읽기와 결과 공유 기준이 제시됨

이번에는 성취기준 중에서 학교생활기록부 작성에 자주 반영되는 핵심 항목만 다시 정리해 주세요.

네, 주요 항목은 다음과 같습니다.
- 대화의 원리를 이해·적용하며 자신의 대화 과정을 점검·조정하고 담화 관습을 성찰함
- 논제별 주장·근거·반박을 포함한 논증 구성 및 타당성 평가를 수행함
- 사회적 의제를 다룬 매체 자료를 비판적으로 분석하여 생산자의 관점·의도를 파악함
- 언어 실천 양상을 분석하고 국어생활에 적용하며 책임감을 가짐
- 음운 변동을 탐구하고 발음·표기에 올바르게 적용함
- 문법 요소와 어휘의 표현 효과를 평가하고 적절한 표현을 생성함
- 문학 갈래별 형상화 방법과 작품 구성 요소·맥락을 이해하여 수용·창작함
- 내용 전개의 원리를 적용해 사회적 쟁점에 대한 견해를 정교하게 표현함
- 논증의 타당성을 평가·재구성하고, 관심 분야 글을 통합적으로 읽어 결과를 공유함

그럼 앞으로 공통 국어 1 과목별 세부능력 및 특기사항 작성 시, 지금 학습한 성취기준과 평가기준을 반드시 기억하고 준수하세요.

네, 앞으로 공통 국어 1 세특 작성 시 성취기준과 평가기준을 철저히 반영하겠습니다.

04. 교과별 운영계획 및 평가계획 사전 학습

다음은 2025학년도 1학년 1학기 '공통 영어1' 교과의 운영계획 및 평가계획 자료, 그리고 해당 학기의 수행평가 세부 기준을 활용한 공통 프롬프트 예시와 실제 대화 예시입니다. 학교생활기록부 작성을 위해 챗GPT를 활

용할 때 교과별 운영계획과 평가계획은 반드시 사전 학습해야 하는 핵심 자료입니다. 운영계획에는 학기 중 실시되는 수행평가의 명칭, 배점, 활동 내용이 포함되어 있어 평가 비중과 방식에 대한 이해를 돕습니다. 또한 수행평가 세부 기준은 학생 활동의 평가 요소와 채점 기준을 구체적으로 제시하므로, 이를 학습시키면 학교생활기록부 작성 시 학생의 성취와 활동을 더욱 정밀하게 반영할 수 있습니다.

공통 프롬프트 예시

이 자료는 [0000학년도][0학년][과목명] 교과의 교과운영계획 및 평가계획, 그리고 해당 학기 수행평가 세부 기준입니다. 모든 수행평가의 명칭, 배점, 활동 내용을 기반으로 학생 활동을 구체적으로 서술하고, 채점 기준에 맞춰 성취 수준을 반영하세요.

실제 대화 예시

지금부터 2025학년도 1학년 1학기 '공통 영어1' 교과의 교과운영계획 및 평가계획을 사전 학습시킬게요. 먼저 학기 중 실시되는 수행평가가 포함된 운영계획 PDF(부록 A-7)를 업로드하겠습니다.

네, 파일을 확인했습니다. 주요 수행평가와 배점, 활동 내용은 다음과 같습니다.

- 미술작품 리뷰 작성하기(25점)는 쓰기 전 활동과 쓰기 활동으로 구성되며, 쓰기 전 활동은 제목, 작가, 이미지, 역사·예술적 중요성, 선정 이유를 사전 구글 설문으로 제출함
- 쓰기 활동은 필수 영어 표현 5개를 사용하고, 주제에 맞는 내용 구성과 논리적 전개를 하며, 어법·철자 오류 없이 150단어 이상 작성함

- 쓰기 활동 평가는 표현 사용의 적절성, 주제 적합성, 문법·어법·철자 정확성, 글의 구성 논리성을 기준으로 함
- 영어 의사소통 과제 완성하기(15점)는 다양한 주제에 대한 말하기·쓰기 수행으로, 주제·요지·세부 정보·함축적 의미를 파악함
- 발표 태도, 발음·억양·명료성, 시각 자료 활용 등을 종합적으로 평가함

이번에는 '미술작품 리뷰 작성하기' 수행평가 세부 기준만 학습해 주세요.

네, 세부 기준을 확인했습니다. 주요 내용은 다음과 같습니다.
- 서론·본론·결론 구조를 갖추어 글을 전개함
- 문단 간 연결어를 적절히 사용하여 글의 흐름을 매끄럽게 함
- 글의 주제와 제목이 연관성을 가지며, 사실적인 내용이 포함되도록 함
- 제목, 역사적·예술적 중요성, 작품 선정 이유가 모두 포함되도록 함
- 작품 선정 이유가 명확하고, 감상자의 관점이 드러나도록 함
- 시각적 자료(이미지 설명 포함)를 활용해 독자가 작품을 이해할 수 있도록 함

앞으로 '공통 영어1' 과목별 세부능력 및 특기사항 작성 시, 각 수행평가별 명칭, 배점, 활동 내용과 세부 채점 기준을 반드시 반영해 주세요.

네, 앞으로 '공통 영어1' 세특 작성 시 각 수행평가별 활동 내용과 채점 기준을 철저히 반영하겠습니다.

05. 문장 작성 규칙 사전 학습

다음은 학교생활기록부 서술형 항목 작성 시 반드시 지켜야 할 문장 작성 규칙을 사전 학습시키는 예시입니다. 이 규칙은 모든 서술형 항목(과목별 세특, 진로활동 특기사항, 행동특성 및 종합의견 등)에 공통으로 적용되며, 챗GPT가 학교생활기록부 작성과 관련한 기본 원칙과 유의 사항을 미리 익히고 교사가 제공하는 학생 활동 내용을 바탕으로 적합하고 일관된 내용을 생성할 수 있도록 합니다.

공통 프롬프트 예시

 다음은 학교생활기록부 서술형 항목 작성 시 반드시 지켜야 할 문장 작성 규칙입니다. 모든 항목 작성 시 이 규칙을 엄격히 준수하세요.

실제 대화 예시

 지금부터 학교생활기록부 서술형 항목 작성 규칙을 알려줄게요. 이 규칙을 정확히 지켜서 작성해 주세요. 규칙은 다음과 같습니다.

- 특기사항은 반드시 한 문단의 줄글 형태로 작성함
- 문장 내에서 '학생은'과 같은 주어 표현을 사용하지 않음
- 문장 끝은 반드시 '~함.' 또는 '~임.' 형태로 종결함
- 교사가 학생의 산출물을 전달받고, 학생의 활동을 관찰한 시점을 기준으로 작성함
- 바이트 수는 한글 1글자 3바이트, 공백·기호·숫자·영문 1글자 1바이트로 계산하여 문단 끝에 총 바이트 수를 표기함

네, 안내해 주신 규칙을 모두 숙지했고, 앞으로 학교생활기록부 서술형 항목 작성 시 위 내용을 철저히 준수하겠음

06. 교사 관찰자 시점 과목별 세특 서술어 표현 사전 학습

다음은 학교생활기록부 과목별 세부능력 및 특기사항 작성 시 교사 관찰자 시점에서 사용할 서술어 표현을 사전 학습시키는 예시입니다. 이 표현들은 학생 활동의 수준에 따라 '단순 활동 관찰', '심화 활동 관찰', '역량 활동 관찰'로 구분되며, 학생의 실제 활동을 구체적이고 정확하게 반영하기 위해 사용됩니다.

공통 프롬프트 예시

 다음은 학교생활기록부 교과 세특 작성 시 사용할 서술어 표현입니다. 단순 활동 관찰, 심화 활동 관찰, 역량 활동 관찰 단계 중 학생의 활동 수준에 맞는 적절한 표현을 선택해 사용하세요.

실제 대화 예시

 이제부터 교과 세특에 사용할 서술어 표현을 단계별로 학습시킬게. 작성할 때 반드시 적용해서 써줘.

 네, 안내하신 서술어 표현을 기억하여 작성 시 반영하겠습니다.

 먼저 단순 활동 관찰 표현이야.
- ~에 대한 활동지를 작성함.

- ~을 활동지에 기록함.
- ~을 제출함.
- ~으로 표현함.
- ~활동에 참여함.
- ~에 대해 탐색함.
- ~하는 모습을 보임.
- ~에 대해 느낀 점을 충실하게 작성함.
- ~에 대해 생각하는 시간을 가짐.

네, 단순 활동 관찰 표현을 학습했고, 기본 활동 서술에 적절히 사용하겠습니다.

다음은 심화 활동 관찰 표현이야.
- ~에 대해 토론함.
- ~에 대해 느낀 바를 발표함.
- ~을 정확하게 이해하여 표현함.
- ~에 대해 심도 있게 탐구함.
- ~에 대한 대안을 제시함.
- ~의 결론을 도출함.
- ~에 대한 공감을 이끌어냄.
- ~에 대한 여러 의견을 조율함.
- ~의 다양한 측면을 비교함.
- ~에 대해 심도 있게 분석함.

네, 심화 활동 관찰 표현을 학습했고, 심화된 활동 서술에 정확히 사용하겠습니다.

마지막은 학생 역량에 대한 평가 표현이야.
- ~하는 모습이 우수함.
- ~에 두각을 보임.
- ~한 모습이 돋보임.
- ~한 역량이 충분함.
- ~에 대한 비판적인 시각을 가짐.
- ~을 성찰하는 능력이 탁월함.
- ~에 대한 의사소통 능력을 발휘함.
- ~을 폭넓게 해석하는 능력이 뛰어남.
- ~하는 능력이 뛰어남.
- ~한 모습이 인상적임.

네, 역량 평가 표현을 학습했고, 역량 발휘 사례 서술에 정확히 사용하겠습니다.

앞으로 세특 작성 시, 학생의 실제 활동 수준에 맞춰 단계를 선택해 위 표현을 적용해 줘.

네, 단계에 맞는 표현을 선택해 학생의 활동과 성장을 구체적으로 표현하겠습니다.

이와 함께, 교사가 학생의 활동 전반을 '상·중·하' 수준으로 평가하고 각 수준에 맞는 서술어를 사전에 학습시켜 적용하는 방법도 활용할 수 있습니다. 이러한 방식은 교사의 평가를 일관된 어휘로 변환하여 기록할 수 있도록 돕고, 수준별 성취를 적절하게 반영하는 데 유용합니다.

공통 프롬프트 예시

다음은 교사가 평가한 수준(상·중·하)에 따라 사용할 서술어 표현입니다. 세특 작성 시, 교사가 평가 수준을 제시하면 각 수준에 맞는 서술어를 활용해 작성해 주세요.

실제 대화 예시

이제부터 교사가 제시한 학생의 수준(상·중·하)에 따라 세특에 사용할 서술어 표현을 학습시킬게. 세특을 작성할 때 교사가 제시한 수준에 맞는 서술어를 활용해서 작성해줘.

네, 안내하신 서술어 표현을 기억하여 작성 시 반영하겠습니다.

먼저 '상' 수준의 서술어 표현이야.
- ~뛰어남.
- ~탁월함.
- ~인상적임.
- ~돋보임.
- ~우수함.
- ~훌륭함.
- ~적극적임.

네, '상' 수준 서술어를 학습했고, 학생의 구체적인 활동과 결합하여 우수한 성취를 드러내는 문장으로 작성하겠습니다.

 다음은 '중' 수준의 서술어 표현이야.
- ~성실히 수행함.
- ~꾸준히 참여함.
- ~지속적으로 참여함.
- ~내용을 충실히 이해함.
- ~책임감 있게 수행함.
- ~관심을 가지고 참여함.

 네, '중' 수준 서술어를 학습했고, 학생의 활동 내용과 연결해 성실성과 지속성을 강조하는 문장으로 작성하겠습니다.

 마지막은 '하' 수준의 서술어 표현이야. 특히 '하' 수준에서도 부정적인 표현(예: ~부족함. ~못함. ~아쉬움. 등)은 쓰지 말고 아래 서술어들을 활용해서 작성해줘.
- ~를 일부 수행함.
- ~하고자 노력함.
- ~에 일부 참여함.

 네, '하' 수준 서술어를 학습했고, 부족함을 직접적으로 드러내지 않으면서 노력과 참여 의지를 표현하는 문장으로 작성하겠습니다.

 앞으로 세특 작성 시, 반드시 교사가 제시한 수준에 맞는 서술어를 포함해 학생 활동과 결합한 완성 문장으로 작성해줘.

 네, 수준별 서술어를 적용하여 학생의 성취와 성장 가능성을 구체적으로 드러내는 문장으로 작성하겠습니다.

07. 행동특성 및 종합의견 사전 학습

행동특성 및 종합의견은 담임교사가 학생의 인성, 학습 과정, 학교생활 전반에 걸친 특성을 종합하여 기록하는 항목입니다. 이를 정확하고 체계적으로 작성하기 위해서는 먼저 매뉴얼에 제시된 '행동특성 및 종합의견' 기재요령을 학습하고, 작성 시 사용할 전체 구조를 사전에 학습시켜야 합니다. 이 구조는 입력 자료의 순서가 뒤섞여 제공되더라도 반드시 설정된 순서에 따라 재배열하여 작성하도록 하는 것이 중요합니다.

공통 프롬프트 예시

매뉴얼에 있는 '행동특성 및 종합의견' 기재요령을 중점적으로 학습하세요. 그리고, 행동특성 및 종합의견의 구조는 반드시 다음의 순서대로 작성하세요.

[전체 구조 학습]
- 학생의 성격 및 인성 ➡
- 다른 학생들과의 관계 및 의사소통 역량 ➡
- 창의적 체험활동(자율·자치활동, 동아리 활동, 봉사활동)에서의 특기사항 ➡
- 학생의 학습 과정 및 성취도에 대한 평가 ➡
- 진로 탐색 역량 및 앞으로의 발전 가능성

실제 대화 예시

지금부터 「2025학년도 학교생활기록부 기재요령(고등학교)」에 있는 '행동특성 및 종합의견' 기재요령을 학습해.

네, 학습한 기재요령의 핵심 내용은 다음과 같습니다.

- 모든 학생에 대해 입력하며, 행동특성을 포함한 각 항목 기록을 종합해 학생을 총체적으로 이해할 수 있도록 작성함
- 학급담임교사가 문장 형태로 입력하며, 추천서 또는 지도 자료의 역할을 하도록 함
- 행동특성과 관련된 내용은 시·도교육감이 정한 방법에 따라 누가기록으로 관리함
- 학교생활 전반에서 지속적으로 관찰된 특성을 바탕으로 작성함
- 학생의 성장 정도, 특기사항, 발전 가능성을 구체적으로 기재함
- 부정적 행동특성 서술 시 변화 가능성을 함께 제시함

 다음으로 행동특성 및 종합의견의 구조를 학습해. 자료가 어떤 순서로 입력되더라도 반드시 아래 순서대로 재배열해서 작성해야 해.

- 학생의 성격 및 인성 ➡
- 다른 학생들과의 관계 및 의사소통 역량 ➡
- 창의적 체험활동(자율·자치활동, 동아리 활동, 봉사활동)에서의 특기사항 ➡
- 학생의 학습 과정 및 성취도에 대한 평가 ➡
- 진로 탐색 역량 및 앞으로의 발전 가능성

 네, 입력 자료의 순서가 뒤섞여도 반드시 위 순서에 맞춰 재배열하여 작성하겠습니다.

그리고 작성할 때는 내가 제공한 두 가지 자료만 사용해야 해.

첫째, 교사인 내가 학생의 학교생활을 관찰해 기록한 누가기록 자료

둘째, 학생이 직접 작성한 자기평가서(부록 A-11) 내용

- 평소 학교생활에서의 태도와 성격, 장점이 드러난 경험
- 친구들과의 관계, 협력·갈등 해결 사례
- 학급 및 학교행사에서의 참여와 역할
- 동아리·봉사·기타 활동에서의 경험과 느낀 점
- 열심히 했던 과목이나 수행평가, 학습 경험
- 진로 희망과 관련된 활동 및 계획

네, 교사 관찰 자료와 자기평가서 내용을 모두 사용하고, 그 외 내용은 임의로 추가하지 않겠습니다.

08. 진로활동 특기사항 사전 학습

진로활동 특기사항은 학생의 진로희망분야와 관련된 활동, 탐구 과정, 변화와 성장, 개인의 특성을 구체적으로 드러내는 항목입니다. 작성 전에는 매뉴얼에 제시된 기재요령과 해당 연도의 학교교육계획에 따른 행사 운영 계획을 학습해야 하며, 행사 계획은 파일로 탑재해 사전 학습하도록 합니다.

공통 프롬프트 예시

매뉴얼에 제시된 '진로활동 특기사항' 기재요령과 해당 연도의 학교교육계획에 따른 진로활동 행사 계획을 학습하세요. 행사 계획은 작성 전 파일로 탑재하여 사전 학습하도록 합니다.

실제 대화 예시

지금부터 「2025학년도 학교생활기록부 기재요령(고등학교)」에 있는 '진로활동 특기사항' 기재요령을 학습해.

네, 학습한 '진로활동 특기사항' 기재요령의 핵심 내용은 다음과 같습니다.

학생의 진로희망분야, 진로검사·상담 결과, 관심 분야와 관련된 활동을 중심으로 작성함

- 구체적인 활동 내용을 근거로 객관적이고 명확하게 작성함
- 학생이 스스로 진로 목표를 설정하고 탐색·참여한 과정과 그에 따른 변화·성장을 강조함
- 학생 개개인의 특성과 경험이 드러나도록 차별화하여 기록함
- 학교교육계획에 따라 운영된 활동을 중심으로 작성하며, 개인적인 외부 활동은 원칙적으로 기록하지 않음

그리고 올해 진로활동 특기사항에 반영할 행사 계획은 작성 전에 반드시 파일로 업로드 할테니 철저히 학습해야 해.

네, 행사 계획 파일을 사전 학습하여 진로활동 특기사항 작성 시 반영하겠습니다.

3.3 사전 학습용 프롬프트 작성 시 유의사항

사전 학습용 프롬프트는 챗GPT가 학교생활기록부 작성에 필요한 자료와 규칙을 정확하게 이해하고, 이후 작성 요청에 일관되게 적용할 수 있도록 안내하는 역할을 합니다. 단순히 결과를 출력하게 하는 것이 아니라, 학습 자료와 지침을 체계적으로 전달하는 것이 핵심입니다.

첫째, 프롬프트의 서두에서 사전 학습의 목적과 범위를 명확히 밝힙니다.

둘째, 학습시킬 자료를 구체적으로 안내하고, 반드시 학습해야 할 근거 자료(매뉴얼, 학교 내부 지침, 성취기준, 자기평가서 등)를 첨부하거나 업로드한 후 참조하도록 합니다. 자료의 출처와 성격을 명시하면 내용의 중요도를 올바르게 인식할 수 있습니다.

셋째, 자료 학습 후 챗GPT가 학습 내용을 요약·정리하도록 지시합니다. 이를 통해 학습 이해도를 확인하고, 필요한 경우 교사가 수정이나 보완 학습을 요청할 수 있습니다.

넷째, 사전 학습한 내용이 이후 작성 요청 시 반드시 적용되도록 명시합니다. 학습 내용은 동일 주제에 관해 작성하는 전 과정에서 일관되게 반영되어야 합니다.

다섯째, 금지 사항과 제한 사항을 함께 전달합니다. 제공하지 않은 내용은 임의로 추가하지 말고, 학생의 단점만 서술하지 않으며 반드시 변화 가능성과 성장 가능성을 포함하도록 안내합니다.

3.4 사전 학습 시 자주 발생하는 오류와 해결 방법

첫째, 학습 내용이 부분적으로만 반영되거나 누락되는 경우가 있습니다. 이는 자료가 길거나 복잡하여 생성형 인공지능이 일부만 인식하거나, 작성 시 구조·규칙·금지 표현 등을 잊어버릴 때 발생합니다. 이럴 때는 자료를 구간별로 나누어 순차 학습시키고, 각 구간 학습 후 요약과 확인을 거치는 것이 좋습니다. 또한 작성 요청 시에도 핵심 규칙과 구조를 반복적으로 삽입해 일관성을 유지해야 합니다.

둘째, 제공하지 않은 내용을 임의로 추가하는 경우가 있습니다. 생성형 인공지능은 주어진 지침이 모호하거나 분량 요구가 있을 때 부족한 정보를 스스로 추론·창작하는 성향이 있습니다. 이를 방지하려면 프롬프트에 '제공 자료 외 내용은 절대 추가하지 말 것'이라는 조건을 포함시키고, 작성 후 반드시 원본 자료와 대조하여 검수 절차를 거쳐야 합니다.

셋째, 사전 학습 내용이 장기적으로 유지되지 않는 경우가 있습니다. 이는 유료 버전에서도 발생할 수 있으나, 빈도는 높지 않습니다. 대화가 길어지거나 여러 번 작성 요청을 거치는 과정에서 챗GPT가 학습 내용을 일부 망각하는 것이 원인입니다. 중요한 규칙과 자료는 별도 문서로 저장해 필요시 재업로드와 재학습을 진행하고, 프로젝트 기능을 활용하여 동일한 대화 맥락을 유지하는 것이 효과적입니다.

넷째, 스트림 오류나 기타 기술적 문제로 챗GPT가 정상 작동하지 않을 때가 있습니다. 이는 자주 발생하지 않지만, 발생 시에는 대화창 맨 아래에 있는 계정을 클릭하고 [도움말] → [도움말 센터]로 이동한 뒤, 페이지 오른쪽 하단의 챗봇 아이콘을 기능을 열어 문제 상황을 구체적으로 설명하고 문의하면 됩니다. 질문은 한국어로 작성해도 되지만 답변이 영어로 제공되므로, 챗GPT에 해당 답변을 붙여 넣어 한국어 번역을 요청하면 됩니다.

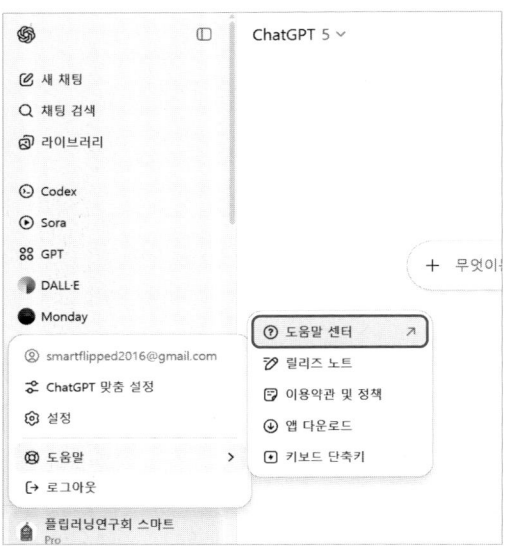

도움말 센터 들어가기

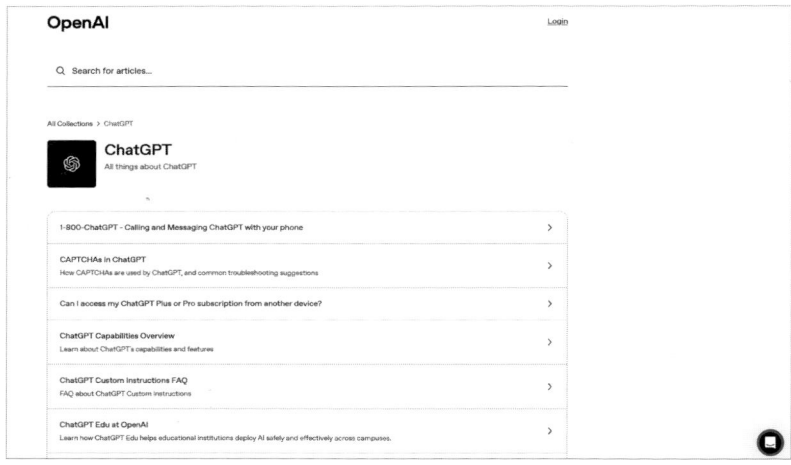

도움말 챗봇 아이콘

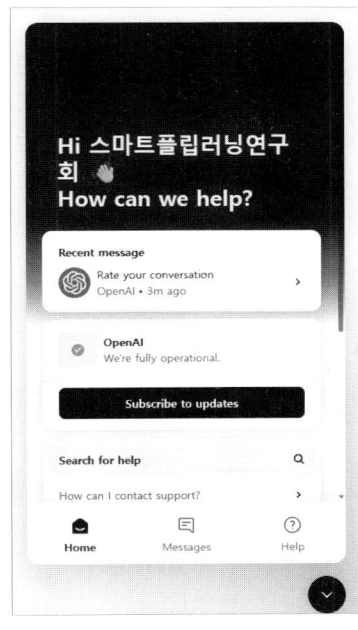

| 도움말 센터 | 챗봇과 대화 |

 다섯째, 파일 인식 오류가 발생하는 경우가 있습니다. 업로드한 파일을 챗GPT가 읽지 못하거나 일부만 처리하는 것이 그 원인입니다. 이를 해결하려면 파일 형식을 PDF, TXT, CSV 등 호환 가능한 형태로 변환하거나 파일 크기를 줄여서 재업로드하는 것이 좋습니다.

PART
04

학교생활기록부 서술형 항목별 작성·검토·나이스 업로드 실전 사례

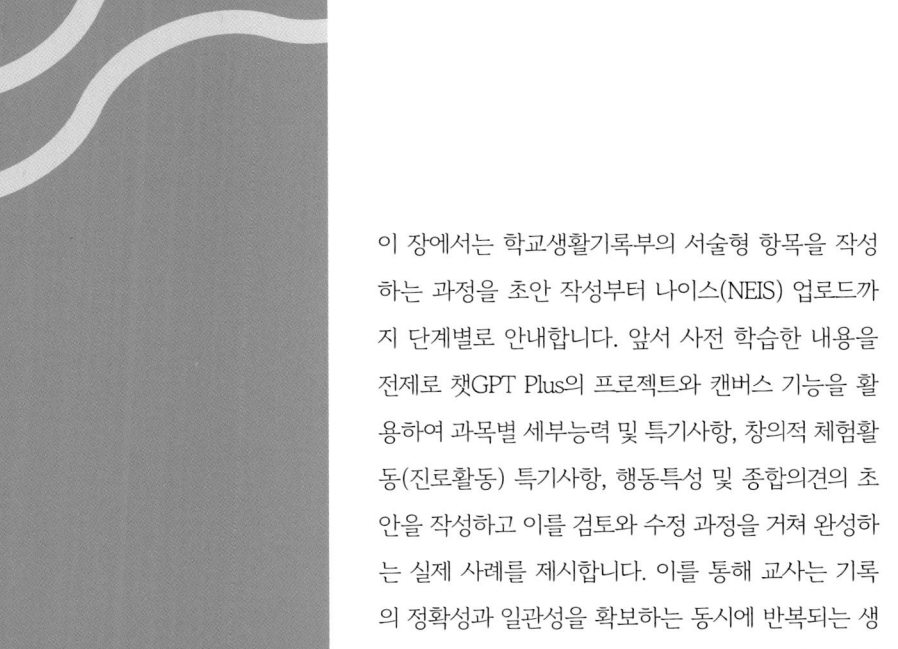

이 장에서는 학교생활기록부의 서술형 항목을 작성하는 과정을 초안 작성부터 나이스(NEIS) 업로드까지 단계별로 안내합니다. 앞서 사전 학습한 내용을 전제로 챗GPT Plus의 프로젝트와 캔버스 기능을 활용하여 과목별 세부능력 및 특기사항, 창의적 체험활동(진로활동) 특기사항, 행동특성 및 종합의견의 초안을 작성하고 이를 검토와 수정 과정을 거쳐 완성하는 실제 사례를 제시합니다. 이를 통해 교사는 기록의 정확성과 일관성을 확보하는 동시에 반복되는 생기부 업무를 효율적으로 수행할 수 있는 실질적 전략을 익히게 됩니다.

4.1 공통 국어 1 과목별 세부능력 및 특기사항 작성 단계별 과정 실전 사례

본 절에서는 2025학년도 A고등학교 1학년 '공통 국어 1' 교과를 예시로 하여, 챗GPT Plus의 프로젝트 및 캔버스 기능을 활용해 과목별 세부능력 및 특기사항을 실제로 작성하는 과정을 단계별로 소개합니다. Part 3에서 다룬 사전 학습 단계는 이미 완료된 상태를 전제로 하며, 여기서는 실제 작성·검토·완성 단계를 중심으로 설명합니다.

4.1.1 캔버스 기능을 활용한 개별 학생 과목별 세부능력 및 특기사항 작성

사전 학습이 완료된 상태에서 과목별 세부능력 및 특기사항을 작성할 때는 캔버스(Canvas) 기능을 활용하면 학생별 기록을 체계적으로 관리할 수 있습니다. 캔버스는 각 학생의 내용을 독립적으로 보관·편집할 수 있는 공간이므로, 작성 과정에서 발생할 수 있는 기록 중복이나 삭제 위험을 최소화할 수 있습니다.

먼저, 챗GPT에 '학생 번호를 제목으로 하는 새로운 캔버스를 열어 달라'고 요청합니다. 이렇게 하면 캔버스 목록에서 학생별 내용을 쉽게 구분할 수 있으며, 이후 수정·추가 작업 시에도 빠르게 찾아 열람할 수 있습니다. 특히, 학생 이름 대신 번호를 사용하는 것은 개인정보 보호와 나이스 업로드 시 일관성을 유지하는 데 유리합니다. 학생별 캔버스에는 해당 학생의 학습활동 자료(논제, 입장, 입론문, 반론문 등)를 입력합니다. 챗GPT는 이미 프로젝트에 업로드된 지침과 자료를 바탕으로, 해당 학생의 활동 내용과 평가를 반영한 과목별 세부능력 및 특기사항 초안을 생성합니다. 이렇게 작성된 초안은 캔버스 내에서 교사가 직접 수정·보완할 수 있으며, 수정된 내용은 즉시 저장됩니다. 학생마다 별도의 캔버스를 생성하지 않고 같은 캔버스에 이어서 작성하면, 이전 기록이 덮어씌워지거나 혼합될 수 있으므로 반드시 학생별로 캔버스를 새로 만들어야 합니다.

4.1.2 학생별 과목별 세부능력 및 특기사항 초안 작성 대화 예시

아래는 공통 국어 1 수업에서 진행한 토론 활동을 바탕으로, 사전 학습이 완료된 상태에서 학생별 과목별 세부능력 및 특기사항을 작성하는 실제 대화 예시입니다.

교사는 학생의 번호, 논제, 입장, 입론문, 반론문 등의 활동 자료를 챗GPT에 입력하고, 챗GPT는 이를 바탕으로 해당 학생의 과목별 세부능력 및 특기사항 초안을 작성합니다.

지피티야, 이제 학습활동 내용을 다 학습했으니까 개별 학생들에 대한 과목별 세부능력 및 특기사항을 본격적으로 작성해 볼게. 내가 학생들의 번호를 줄 테니까, 각 학생의 번호를 제목으로 하는 새로운 캔버스를 열어서 과목별 세부능력 및 특기사항을 작성해줘.

네, 학생 번호별로 새로운 캔버스를 열어 준비하겠습니다. 학생들의 자료를 주시면 곧바로 작업을 시작하겠습니다.

좋아, 그러면 첫 번째 학생부터 시작할게.

1번

- 논제: 반려동물 보유세를 도입해야 한다
- 입장: 반대
- 입론문: 저는 반려동물 보유세 도입에 반대하는 입장입니다. 첫째, 반려동물 보유세는 반려인에게 과도한 경제적 부담을 가중시킵니다. 현재 반려인들은 이미 식비, 의료비, 미용비 등 다양한 분야에서 큰 지출을 감당하고 있습니다. 대전일보에 따르면, 반려동물 한 마리당 월평균 양육비가 약 15만 원에 달하며, 이는 연간으로 따지면 약 180만 원의 부담입니다. 이런 상황에서 추가적인 세금까지 부과된다면, 서민 반려인들에게는 경제적 압박이 더욱 커질 수밖에 없습니다. 둘째, 보유세는 책임감 있는 반려인들에게만 불이익을 주는 불공정한 제도입니다. 진정한 문제는 반려동물 유기 및 학대입니다. 하지만 이러한 문제를 일으키는 사람들은 대부분 등록하지 않은 채 반려동물을 기르거나 유기해 버리는 경우가 많습니다. 즉, 세금의 대상은 정작 책임감 있게 등록하고 기르는 반려인들입니다. 이는 책임 있는 사람에게만 책임을 전가하는 형평성에 어긋난 조치이며, 정작 필요한 건 유기범과 학대범에 대한 처벌 강화입니다. (후략)
- 반론문: 첫째, 찬성 측은 보유세가 책임감을 키운다고 했지만, 현실은 다릅니다. 결국 보유세는 책임감 있는 사람만 내고, 책임 없는 사람은 등록도 세금도 회피할 것입니다. 실제로 한국경제의 기사에 따르면, 반려동물 유기 사례는 해마다 증가하고 있고, 그 원인은 세금이 없어서가 아니라, 책임 의식 부족 때문입니다. 세금으로 책임을 강제한다는 발상 자체가 실효성이 없고, 현실과 동떨어져 있습니다. 둘째, 찬성 측은 공공재원 마련을 이야기했지만, 이미 반려인들은 많은 비용을 지불하고 있습니다. 대전일보의 기사에 따르면, 반려동물 1마리당 월 평균 양육

비는 약 15만 원, 연간 180만 원이 넘는 지출입니다. 여기에 세금까지 더하면, 이는 단순한 복지 재원이 아니라 실질적인 경제적 부담 증가입니다. 복지를 위한 부담은 전체 국민이 함께 나누는 것이 공정하지, 특정 집단에게만 과도하게 지우는 것은 형평성에 어긋납니다. (후략)

토론 활동에서 반려동물 보유세를 도입해야 한다는 논제를 중심으로 반대 입장에서 논의를 전개함. 반려동물 보유세가 반려인에게 과도한 경제적 부담을 주고, 유기동물 문제 해결에 실효성이 없다는 점을 다양한 자료로 뒷받침하며 논거를 구성함. 상대 측의 주장을 분석하고, 형평성 문제와 실효성 부족을 근거로 조목조목 반박함. 논리 전개가 체계적이고, 근거 제시가 명확하여 설득력이 높았음.

2번

- 논제: 지역 경제 활성화를 위해 복합 쇼핑몰을 유치해야 한다
- 입장: 찬성
- 입론: 안녕하세요, 여러분. 오늘 저는 지역 경제 활성화를 위해 복합 쇼핑몰 유치가 왜 중요한지에 대해 이야기하려고 합니다. 복합 쇼핑몰은 단순한 상업 공간을 넘어, 지역 경제를 살리고 주민들의 삶의 질을 높이는 중요한 역할을 합니다. 그럼, 복합 쇼핑몰이 어떻게 지역 경제에 긍정적인 영향을 미치는지 구체적으로 살펴보겠습니다. 복합 쇼핑몰이 들어서면 지역 주민들이 새로운 일자리를 얻고, 그로 인해 지역 경제가 활기를 띠게 됩니다. 특히, 스타필드 고양을 예로 들어보겠습니다. (후략)
- 예상되는 상대방의 주장: 대형 쇼핑몰이 들어서면 기존의 전통시장이나 소상공인 상권이 타격을 받아 지역 상권이 쇠퇴할 수 있다.
- 재반박: 1. 쇼핑몰은 지역 상권을 파괴하기보다는 재편성한다. 대형 쇼핑몰은 단순히 경쟁자가 아니라 소비자 유입을 늘리는 집객 효과를 통

해 주변 상권까지 활성화시킬 수 있다. 쇼핑몰을 방문한 사람들이 인근 식당, 카페, 숙박시설, 문화시설을 함께 이용하면서 상권 전체의 파이를 키우는 효과가 발생할 수 있다. (스타필드 고양, 롯데몰 수지)

- 반론: 반대 측에서는 쇼핑몰이 지역 상권을 무너뜨릴 수 있다는 주장에 반박하겠습니다. 첫째, 대형 쇼핑몰은 단순히 경쟁자가 아니라 방문객을 끌어 모으는 허브 역할을 합니다. 예를 들어, 경기도 하남시에 들어선 스타필드 하남은 연간 수천만 명의 방문객을 유치하며 주변 식당, 카페, 편의점 매출까지 함께 끌어올리는 효과를 가져왔습니다. 용인 수지에 있는 롯데몰도 지역 창업자들에게 팝업스토어 기회를 제공하면서 실질적인 도움을 주고 있습니다. (후략)

토론 활동에서 지역 경제 활성화를 위해 복합 쇼핑몰을 유치해야 한다는 논제를 중심으로 찬성 입장에서 논의를 전개함. 복합 쇼핑몰의 고용 창출, 소비 촉진, 주변 상권 활성화 효과를 다양한 사례와 자료로 설명함. 상권 침해 우려에 대해서는 집객 효과와 소상공인 지원 사례를 근거로 반박하며, 상생 가능성을 강조함. 주장과 근거의 연결이 명확하고, 자료 활용이 적절하여 설득력이 높았음.

4.1.3 생성된 과목별 세부능력 및 특기사항의 지침 반영 여부 검토 및 수정

아래는 사전 학습이 완료된 상태에서 챗GPT가 작성한 과목별 세부능력 및 특기사항 초안에 대해 교사가 지침 반영 여부를 검토하고 필요한 수정 사항을 보완한 사례입니다.

지금까지 사전 학습한 내용을 바탕으로, 1번 학생과 2번 학생의 과목별 세부 능력 및 특기사항을 작성해줘.

1번 학생 – 토론 활동에서 반려동물 보유세를 도입해야 한다는 논제를 중심으로 반대 입장에서 논의를 전개함. 반려동물 보유세가 반려인에게 과도한 경제적 부담을 주고, 오히려 유기동물 문제를 악화시킬 수 있다는 점을 중심 쟁점으로 삼아 논증을 구성함. 신문 보도 자료를 인용해 반려동물 양육에 이미 상당한 비용이 소요되고 있음을 근거로 들며, 추가적인 세금 부과는 형평성에 어긋난다고 주장함. 또한 유기와 학대의 주요 원인은 세금 부족이 아니라 책임 의식 결여임을 강조하며, 보유세가 실효성이 없고 오히려 유기를 유발할 수 있다는 점을 구체적인 국내외 사례를 통해 설득력 있게 설명함. (786바이트)

2번 학생 – 토론 활동에서 지역 경제 활성화를 위해 복합 쇼핑몰을 유치해야 한다는 논제를 중심으로 찬성 입장에서 논의를 전개함. 복합 쇼핑몰이 고용 창출, 소비 촉진, 부동산 가치 상승 등 지역 사회에 미치는 긍정적 파급 효과를 중심으로 구조적인 논증을 구성함. 실제 사례를 근거로 방문객 유입, 주변 상권 활성화, 소상공인 매출 증가 등의 효과를 구체적으로 설명하였고, 외국의 복합 쇼핑몰 관련 연구와 비교하며 주장의 설득력을 높임. 반대 측의 상권 침해 우려에 대해서는 집객 효과를 통한 상생 가능성과 쇼핑몰 내 지역 소상공인 지원 프로그램 사례를 들어 재반박함. 실증적 사례와 다양한 자료를 활용하여 논증의 타당성을 높이고 주장을 명확하게 제시함. (874바이트)

1번 학생 기록에서, 사전 학습 지침에 있었던 '논리적 사고력과 협업 능력'이 드러나도록 문장을 보완해 줄래?

네, 수정하겠습니다.

1번 학생 수정 후 – 토론 활동에서 반려동물 보유세를 도입해야 한다는 논제를 중심으로 반대 입장에서 논의를 전개함. 반려동물 보유세가 반려인에게 과도한 경제적 부담을 주고, 오히려 유기동물 문제를 악화시킬 수 있다는 점을 중심 쟁점으로 삼아 논증을 구성함. 신문 보도 자료를 인용해 반려동물 양육에 이미 상당한 비용이 소요되고 있음을 근거로 들며, 추가적인 세금 부과는 형평성에 어긋난다고 주장함. 또한 유기와 학대의 주요 원인은 세금 부족이 아니라 책임 의식 결여임을 강조하며, 보유세가 실효성이 없고 오히려 유기를 유발할 수 있다는 점을 다양한 국내외 사례를 통해 설득력 있게 설명하며, **토론 과정에서 논리적 사고력과 팀원과의 협업 능력을 함께 발휘하였음.** (824바이트)

2번 학생 기록에서는 사전에 반영하기로 한 성취기준 내용이 누락된 것 같아. '논증 구성'와 관련된 성취기준을 포함해서 다시 작성해 줘.

네, 수정하겠습니다.

2번 학생 수정 후 – 토론 활동에서 지역 경제 활성화를 위해 복합 쇼핑몰을 유치해야 한다는 논제를 중심으로 찬성 입장에서 논의를 전개함. 복합 쇼핑몰이 고용 창출, 소비 촉진, 부동산 가치 상승 등 지역 사회에 미치는 긍정적 파급 효과를 중심으로 구조적인 논증을 구성함. 다양한 실제 사례를 근거로 방문객 유입, 주변 상권 활성화, 소상공인 매출 증가 등의 효과를 구체적으로 설명하였으며, **이를 통해 필수 쟁점별로 논증을 구성하는 역량을 충실히 보여줌.** 외국의 복합 쇼핑몰 관련 연구와 비교하며 주장의 설득력을 높임. 반대 측의 상권 침해 우려에 대해서는 집객 효과를 통한 상생 가능성과 쇼핑몰 내 지역 소상공인 지원 프로그램 사례를 들어 재반박함. 실증적 사례와 다양한 자료를 활용하여 논증의 타당성을 높이고 주장을 명확하게 제시함. (894바이트)

챗GPT는 위와 같은 과목별 세부능력 및 특기사항을 작성할 때 미리 프로젝트 지침으로 학습한 내용을 충실히 반영했습니다. 특히, 특정 지역명·기업명·상호명 등 구체적인 명칭은 사용하지 않고 '외국의 사례', '신문 보도', '뉴스 자료'와 같은 일반적인 표현으로 바꾸어 서술했습니다. 예를 들어, 학생이 입론문과 반론문에서 '스타필드 고양', '롯데몰 수지', '하남시' 등의 명칭을 사용했으나, 이를 '실제 사례', '다양한 자료' 등으로 수정하여 작성했습니다. 또한, 지침에 따라 학생의 논리적 사고력과 논증의 타당성을 강조하는 서술어를 사용하여 형식과 어조를 일관되게 유지했습니다. 이처럼 사전 학습을 정확하고 구체적으로 진행하면, 교사가 의도한 방향에 맞춘 충실하고 만족스러운 결과물을 안정적으로 생성할 수 있습니다.

또한, 이렇게 작성된 학생별 최종본은 각 번호를 제목으로 지정한 캔버스에 개별 저장되어 목록 형태로 관리됩니다. 교사는 캔버스 목록에서 학생 번호를 선택해 해당 기록을 즉시 확인하거나 수정할 수 있으며, 작성 현황을 한눈에 파악할 수 있습니다. 이를 통해 과목별 세부능력 및 특기사항 작성 과정이 체계적으로 정리되고, 이후 단계인 엑셀 파일 일괄 다운로드 및 나이스(NEIS) 업로드 절차로의 연계가 매끄럽게 이루어집니다.

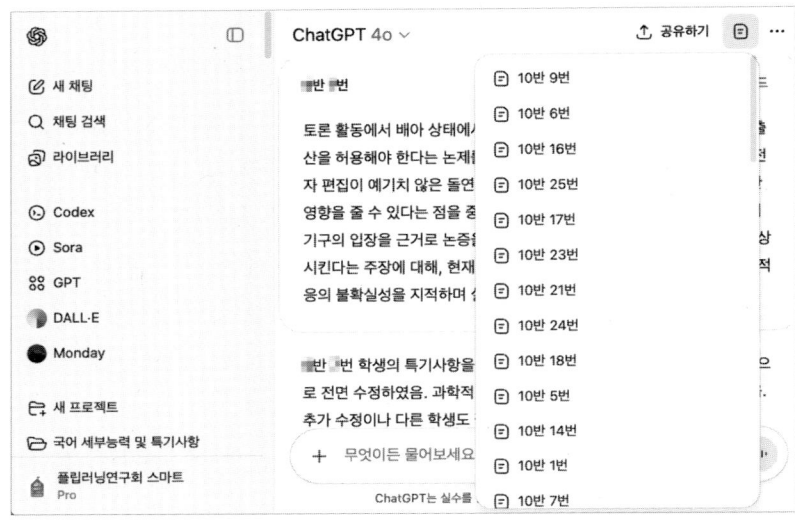

학생의 번호를 제목으로 생성한 캔버스 목록

4.1.4 학생별 과목별 세부능력 및 특기사항의 엑셀(.xlsx) 파일 일괄 다운로드 및 나이스 업로드 변환 과정

챗GPT가 작성한 학생별 과목별 세부능력 및 특기사항은 개별 캔버스에 저장되어 있지만, 이를 하나씩 복사해 나이스(NEIS)의 '과목별 세부능력 및 특기사항' 메뉴에 붙여넣는 방식은 비효율적이며, 작업 도중 학생의 내용이 다른 학생의 항목과 혼동되어 입력될 위험이 있습니다. 이러한 문제를 최소화하고 시간을 절약하기 위해 나이스에서 제공하는 엑셀 파일 일괄 업로드 기능을 활용하는 것이 좋습니다.

이를 위해 챗GPT에 각 캔버스에서 작성된 학생들의 세부능력 및 특기사항을 하나의 엑셀 파일로 생성해 달라고 요청하면, 학생 번호와 해당 내용을 열 단위로 정리한 파일을 받을 수 있습니다. 예를 들어, A열에는 학생 번호, B열에는 해당 학생의 과목별 세부능력 및 특기사항이 들어가도록 설정할 수 있습니다. 다음은 이를 요청하는 실제 프롬프트 예시입니다.

지피티야, 지금까지 학생 번호를 제목으로 해서 각 캔버스에 작성한 과목별 세부능력 및 특기사항을 한 번에 엑셀 파일로 다운로드하려고 해. 엑셀 파일의 A열에는 학생 번호, B열에는 해당 학생의 세부능력 및 특기사항이 들어가도록, 지금까지 작성된 모든 캔버스를 하나의 엑셀 파일로 생성해줘.

네, 요청하신 대로 모든 캔버스에 작성된 학생 번호와 세부능력 및 특기사항을 정리하여, A열에 학생 번호, B열에 해당 내용을 입력한 하나의 엑셀 파일로 만들어 제공하겠습니다. 파일이 준비되면 바로 다운로드할 수 있도록 안내해 드리겠습니다. 엑셀 파일 다운로드가 준비되었습니다. 아래의 링크를 클릭하여 파일을 다운로드하세요.

📂 토론활동_특기사항_전체.xlsx 다운로드(부록 A-8)

다만, 나이스에 업로드하려면 챗GPT에서 다운로드한 파일을 그대로 사용하는 것이 아니라, 반드시 나이스 시스템에서 제공하는 '과목별 세부능력 및 특기사항 일괄 업로드용 엑셀 양식'에 맞춰야 합니다. 해당 양식을 먼저 내려받아 챗GPT가 생성한 내용을 복사·붙여넣기해서 옮긴 후 업로드해야 정상적으로 반영됩니다.

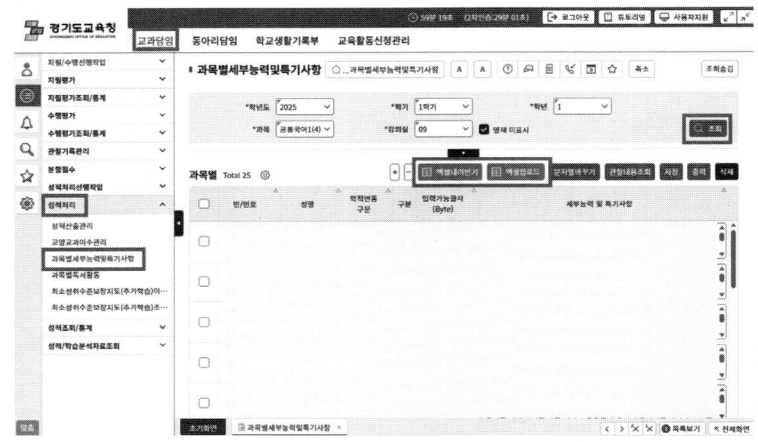

나이스에서 일괄 업로드용 엑셀 내려받기

또한, 여러 학습활동별로 작성된 세부능력 및 특기사항을 하나의 항목으로 합쳐야 하는 경우가 있습니다. 예를 들어, A열이 학생 번호, B열이 학습활동 1의 기록, C열이 학습활동 2의 기록, D열이 학습활동 3의 기록일 때, E열에 다음 함수를 입력하면 자동으로 내용을 결합할 수 있습니다.

=B2&" "&C2&" "&D2

이 함수는 B, C, D열의 내용을 순서대로 이어 붙이고, 각 활동 사이에 한 칸의 공백을 삽입합니다. 이렇게 생성된 E열의 최종 내용을 업로드용 엑셀 양식의 해당 셀에 '값 붙여넣기' 옵션으로 붙여 넣으면, 여러 학습활동 기록이 하나로 통합되어 나이스에 업로드됩니다. 이 과정을 거치면 챗GPT에서 작성한 학생별 과목별 세부능력 및 특기사항을 안전하고 효율적으로 나이스 시스템에 반영할 수 있으며, 수작업 입력에 비해 오류 가능성을 크게 줄이고 업무 시간을 단축할 수 있습니다.

4.2 진로활동 특기사항 작성 단계별 과정 실전 사례

본 절에서는 2025학년도 A고등학교 전 학년 대상 '진로활동' 영역을 예시로 하여, 챗GPT 기본 채팅(GPT-5) 방식을 활용해 진로활동 특기사항을 실제로 작성하는 과정을 단계별로 소개합니다. Part 3에서 다룬 사전 학습 단계는 이미 완료된 상태를 전제로 하며, 여기서는 실제 행사 계획서 학습부터 작성·검토·완성 단계까지의 흐름을 중심으로 설명합니다.

4.2.1 기본 채팅(GPT-5)을 활용한 개별 학생 진로활동 특기사항 작성

사전 학습이 완료된 상태에서 진로활동 특기사항을 작성할 때는 먼저 해당 활동과 관련된 행사 계획서를 챗GPT에 업로드하고 학습시키는 과정을 거칩니다. 이를 통해 챗GPT가 해당 행사의 목적, 운영 절차, 평가 기준을 정확히 이해하고, 이후 작성될 특기사항에 필요한 핵심 요소를 반영할 수 있습니다.

행사 계획서 학습이 완료되면, 교사는 학생의 진로활동 관련 산출물(포스터, 보고서, 발표 자료 등)과 해당 활동에 대한 부가 설명을 함께 입력합니다. 챗GPT는 이전에 학습한 기재요령, 행사 계획서 내용, 문장 작성 규칙을 바탕으로 해당 학생의 활동 내용과 평가를 반영한 진로활동 특기사항 초안을 생성합니다.

이 기본 채팅 방식의 장점은 자료 업로드와 작성 요청이 한 번의 대화 흐름 안에서 이루어져 빠르게 결과를 확인할 수 있다는 점입니다. 또한 초안을 확인한 뒤 교사는 즉시 검토·수정하여 최종본을 완성하고, 이를 필요한 문서 형식에 맞게 옮겨 사용할 수 있습니다. 다만, 학생별로 기록을 나누어 관리하지 않으면 대화 내용이 혼합될 수 있으므로, 한 명에 대한 기록이 끝난 후에는 반드시 다음 학생의 자료를 입력하기 전에 대화를 정리하거나 별도의 대화 세션을 시작하는 것이 좋습니다.

4.2.2 학생별 진로활동 특기사항 초안 작성 대화 예시

아래는 '영어 학습 전략 탐색' 행사를 바탕으로, 사전 학습이 완료된 상태에서 학생별 진로활동 특기사항을 작성하는 실제 대화 예시입니다. 교사는 먼저 행사 계획서(부록 A-9)를 챗GPT에 업로드하여 학습시킨 뒤, 학생별 활동 자료를 입력합니다. 챗GPT는 이를 토대로 해당 학생의 진로활동 특기사항 초안을 생성할 준비를 합니다.

지피티야, 이번 진로활동 특기사항 작성을 위해 '영어 학습 전략 탐색' 행사 계획서를 먼저 학습해 줘.

네, 행사 계획서를 업로드해 주시면 내용을 분석하여, 특기사항 작성 시 반영해야 할 주요 기준을 정리하겠습니다.

좋아, 업로드했어. 행사 계획서를 학습해서 진로활동 특기사항 작성에 필요한 핵심 내용을 간략하게 정리해 줘

학습을 완료했습니다. 이번 행사 특기사항 작성 시 반영해야 할 주요 기준은 다음과 같습니다.

- 언어 인공지능(챗GPT)을 활용한 영어 학습 전략 탐색 과정과 성과 기록
- MBTI 유형을 반영한 맞춤형 학습 전략과 시각화 과정 기록

- 캔바(Canva) 활용 능력과 디지털 도구 활용 역량 기재
- 행사 전 과정에서의 자기주도적 참여도와 성장 과정 서술
- 영어 발표 및 글로벌 의사소통 역량 향상 내용 포함

좋아, 그럼 이제 첫 번째 학생 자료를 줄게. 이 학생은 행사에서 '영어 학습 전략 포스터'(부록 A-10)를 제작했고, 본인의 MBTI 유형을 반영한 학습 전략을 영어로 발표했어.

학생의 포스터를 확인했습니다. 'Speak It, Feel It, Live It!'이라는 주제로, 실생활에서 원어민과 대화하며 몰입 학습을 실천하고, 영어 팝송과 영화 감상을 통해 직관적으로 언어를 습득하며, 반복적 리듬과 소리를 활용하여 학습 효과를 높이고, 감정 몰입을 통해 집중력과 학습 몰입도를 향상시키는 전략을 구체적으로 제시하였습니다. 또한, 말하기와 언어 흡수 활동을 통해 ENFP 성향을 반영한 개별화 학습 전략을 완성하였습니다.

4.2.3 생성된 진로활동 특기사항의 지침 반영 여부 검토 및 수정

아래는 사전 학습이 완료된 상태에서 챗GPT가 작성한 한 명의 학생 진로활동 특기사항 초안에 대해 교사가 지침 반영 여부를 검토하고 필요한 수정 사항을 보완한 사례입니다.

지금까지 사전 학습한 내용을 바탕으로, 이 학생의 진로활동 특기사항을 작성해 줘.

언어 인공지능과 디자인 플랫폼을 활용하여 자신의 성격유형 검사 결과에 맞춘 개인 맞춤형 영어 학습 전략을 탐색하고 시각적으로 구성함. 실생활에서 원어민과 대화하며 언어를 습득하는 방법, 영어 팝송과 영화를 통한 직관적 학

습, 반복적 리듬과 소리를 활용한 학습, 감정 몰입을 통한 집중력 향상 등 다양한 전략을 구체적으로 제시함. 행사 과정에서 언어 인공지능을 활용하여 영어 질문을 작성하고, 디자인 플랫폼을 통해 아이디어를 시각화하는 과정에서 창의성과 디지털 활용 능력을 발휘함. 이를 통해 글로벌 의사소통 역량과 자신감이 향상됨. (843바이트)

초안에 '행사 계획서에 반영된 평가 요소 중 글로벌 의사소통 역량'과 관련된 성취기준이 드러나도록 보완해 줄래?

네, 수정하겠습니다.

수정 후 – 언어 인공지능과 디자인 플랫폼을 활용하여 자신의 성격유형 검사 결과에 맞춘 개인 맞춤형 영어 학습 전략을 탐색하고 시각적으로 구성함. 실생활에서 원어민과 대화하며 언어를 습득하는 방법, 영어 팝송과 영화를 통한 직관적 학습, 반복적 리듬과 소리를 활용한 학습, 감정 몰입을 통한 집중력 향상 등 다양한 전략을 구체적으로 제시함. 행사 과정에서 언어 인공지능을 활용하여 영어 질문을 작성하고, 디자인 플랫폼을 통해 아이디어를 시각화하는 과정에서 창의성과 디지털 활용 능력을 발휘함. **이를 통해 글로벌 의사소통 역량과 자신감을 높였으며, 행사의 활동 목표를 충실히 달성함.** (888바이트)

챗GPT는 위와 같이 진로활동 특기사항 작성 시, 사전에 학습한 기재요령과 행사 계획서 내용을 충실히 반영했습니다. 특히 행사 계획서에 포함된 평가 요소와 성취기준을 누락 없이 포함하도록 수정했으며, 문장의 흐름과 표현 방식도 지침에 맞추어 일관되게 유지했습니다. 진로활동 특기사항의 엑셀(.xlsx) 파일 일괄 다운로드 및 나이스 업로드 변환 과정은 4.1.4에서 제시한 과목별 세부능력 및 특기사항의 엑셀 파일 다운로드 및 업로드 절차와 동일한 방식으로 진행하면 효율적으로 처리할 수 있습니다.

4.3 행동특성 및 종합의견 작성 단계별 과정 실전 사례

본 절에서는 2024학년도 B고등학교 1학년 담임반을 예시로 하여, 챗GPT Plus의 프로젝트 및 캔버스 기능을 활용해 행동특성 및 종합의견을 실제로 작성하는 과정을 단계별로 소개합니다. Part 3에서 다룬 사전 학습 단계는 이미 완료된 상태라고 전제하며, 여기서는 실제 작성·검토·완성 단계를 중심으로 설명합니다.

4.3.1 캔버스 기능을 활용한 개별 학생 행동특성 및 종합의견 작성

행동특성 및 종합의견 작성 시에도 4.1절의 과목별 세부능력 및 특기사항 작성 단계에서 활용한 캔버스(Canvas) 기능과 동일한 방식으로 진행할 수 있습니다. 학생별 캔버스에는 해당 학생의 관찰 내용과 자기평가서 내용을 입력하고, 챗GPT가 이를 바탕으로 성격·인성, 대인관계, 창의적 체험활동, 학습 성취, 진로 탐색 역량 등 사전에 설정한 구조 순서에 맞춰 초안을 작성하도록 합니다. 작성된 초안은 캔버스 내에서 교사가 직접 수정·보완할 수 있으며, 수정 사항은 즉시 저장됩니다. 이와 같은 방식으로 작성하면 교사가 학생별 기록을 체계적으로 관리할 수 있고, 이후 검토·수정 및 최종 완성 단계까지 효율적으로 이어갈 수 있습니다.

4.3.2 학생별 행동특성 및 종합의견 초안 작성 대화 예시

아래는 사전 학습이 완료된 상태에서 교사가 학생별 관찰 기록과 자기평가서를 챗GPT에 전달해 초안을 쓰기 직전 단계까지의 실제 대화 예시입니다. 이 단계에서는 자료 입력과 확인만 진행하고, 초안 문장 생성은 요청 시점까지 보류합니다.

지피티야, 이제부터 학생별 자료를 줄 테니 이전에 학습한 구조와 규칙에 맞춰 초안을 작성할 준비만 해줘. 우선 학생 1부터야.

- 평소 학급에서 조용하고 차분한 편이지만 친구들의 의견을 잘 들어줌.
- 동아리 활동에서 과학 실험을 주도적으로 수행하고 관련 자료를 꼼꼼히 정리하는 모습이 우수함.
- 학습 태도는 매우 성실하나 수학 교과에 다소 어려움을 느껴 학교 진로 행사로 실시한 학습클리닉을 꾸준히 참여하며 보완 노력 중임.
- 자기평가서 내용: 장래 희망은 생명공학 연구원이 되는 것인데, 과학 수업과 동아리 활동을 통해 목표를 더 구체적으로 세우게 되었음.

네, 학생 1의 관찰 기록과 자기평가서 내용을 확인했습니다. 사전에 합의한 구성 순서와 문장 규칙을 적용할 준비가 완료되었습니다. 다음 학생 자료를 주시면 계속 진행하겠습니다.

좋아. 이제 학생 2 자료를 줄게.

- 급우들에게 먼저 다가가서 말을 걸고 친구 관계가 원만하며, 반에서 분위기 메이커 역할을 잘함.
- 반장으로 활동하면서 학급회의를 주도적으로 이끌고 다양한 친구들의 의견을 적극적으로 수렴하려는 모습을 보임.

- 평소 수업에 집중력이 뛰어나며, 수행평가 준비에 성실히 참여하여 대부분의 교과에서 좋은 성적을 유지하고 있음.
- 자기평가서: 최근 학교의 진로 탐색 활동을 통해 교육학과 진학이라는 목표가 생겼으며, 반장 활동을 하며 리더십과 소통 역량을 키울 수 있었음.

네, 학생 2의 자료도 확인했습니다. 동일한 구조와 규칙에 맞춰 초안 작성 준비가 되어 있습니다. 마지막 학생 자료를 전달해 주세요.

마지막으로 학생 3이야.
- 조용하지만 급우들과의 신뢰가 높고, 친구들 간의 갈등 상황을 중재하여 해결하는 모습을 여러 번 보임.
- 학급 내 의견 충돌이 있을 때마다 객관적이고 차분하게 상황을 판단하여 해결 방안을 제시함.
- 자율활동 시간에 환경보호 캠페인을 기획하고 적극적으로 참여하여 친구들과 함께 교내 환경 정화 활동을 성공적으로 이끌었음.
- 수학과 과학 교과 성적이 특히 우수하며, 어려운 문제를 스스로 해결하기 위해 추가로 심화학습 자료를 찾아 공부하는 모습이 관찰됨.
- 자기평가서: 이공계 분야 진학을 목표로 하고 있으며, 특히 환경 문제에 관심이 많아 환경공학 분야를 더 구체적으로 탐색하고 싶음.

네, 학생 3의 자료까지 모두 확인했습니다. 세 학생의 관찰 기록과 자기평가서를 바탕으로, 사전에 학습한 구성 순서와 문장 규칙을 정확히 적용하여 초안 작성이 가능합니다. 요청하시면 바로 작성 단계로 넘어가겠습니다.

4.3.3 생성된 행동특성 및 종합의견의 지침 반영 여부 검토 및 수정

아래는 사전 학습이 완료된 상태에서 챗GPT가 작성한 행동특성 및 종합의견 초안에 대해 교사가 지침 반영 여부를 검토하고 필요한 수정 사항을 보완한 사례입니다.

지금까지 학습한 내용을 바탕으로, 1번 학생의 행동특성 및 종합의견을 작성해줘.

(초안):
학급에서 조용하고 차분한 태도를 유지하며, 다른 학생들의 의견을 귀 기울여 듣고 협력하는 태도를 보여줌. 동아리 활동에서 과학 실험을 주도적으로 계획하고 꼼꼼히 자료를 정리하며 책임감과 자기주도성을 확인할 수 있었음. 학습 태도 또한 매우 성실하였으며, 특히 수학 교과에서 어려움을 느껴 학습클리닉에 꾸준히 참여하여 부족한 부분을 적극적으로 보완하려는 모습이 인상적임. 평소 생명공학 연구원을 장래희망으로 삼아 과학 수업과 동아리 활동을 통해 구체적인 진로 목표를 설정하고 탐색하며 진로 탐색 역량을 키우고 있음. (767바이트)

성격 및 인성 부분이 너무 간략하네. '차분하고 안정적인 성격으로 급우들 사이에서 신뢰를 얻고 있음.' 같은 구체적인 표현을 추가해줘.

(수정 후):
차분하고 안정적인 성격으로 급우들 사이에서 신뢰를 얻고 있으며, 학급에서 조용하고 차분한 태도를 유지하며 다른 학생들의 의견을 귀 기울여 듣고 협력하는 태도를 보여줌. 동아리 활동에서 과학 실험을 주도적으로 계획하고 꼼꼼히 자료를 정리하며 책임감과 자기주도성을 확인할 수 있었음. 학습 태도 또한 매우 성실하였으며, 특히 수학 교과에서 어려움을 느껴 학습클리닉에 꾸준히 참여하여 부족한 부분을 적극적으로 보완하려는 모습이 인상적임. 평소 생명공학 연구원을 장래희망으로 삼아 과학 수업과 동아리 활동을 통해 구체적인 진로 목표를 설정하고 탐색하며 진로 탐색 역량을 키우고 있음. (832바이트)

이번에는 2번 학생 기록을 작성해줘.

(초안):

밝고 적극적인 성격으로 급우들에게 먼저 다가가며 친밀한 관계를 유지하고, 학급 내에서 항상 활기찬 분위기를 만들어주는 긍정적인 인성을 지니고 있음. 반장으로서 학급회의를 주도적으로 진행하며, 급우들의 다양한 의견을 적극적으로 수렴하는 민주적인 의사소통 능력과 리더십이 우수함. 평소 모든 교과에서 뛰어난 집중력을 보이며, 수행평가 준비 과정에서도 성실하고 책임감 있게 참여하여 전반적으로 우수한 학업 성취를 유지하고 있음. 최근 학교에서 진행된 진로 탐색 활동을 통해 교육학과 진학이라는 목표를 설정하였으며, 반장 활동을 통해 리더십과 소통 역량을 꾸준히 발전시키고자 노력하는 모습이 인상적임. (842바이트)

진로 탐색 역량과 발전 가능성을 더 구체적으로 써야겠어. 교육학과 진학 목표와 현재 의사소통 능력·리더십의 연결성, 성장 가능성을 넣어줘.

(수정 후):

밝고 적극적인 성격으로 급우들에게 먼저 다가가며 친밀한 관계를 유지하고, 학급 내에서 항상 활기찬 분위기를 만들어주는 긍정적인 인성을 지니고 있음. 반장으로서 학급회의를 주도적으로 진행하며, 급우들의 다양한 의견을 적극적으로 수렴하는 민주적인 의사소통 능력과 리더십이 우수함. 평소 모든 교과에서 뛰어난 집중력을 보이며, 수행평가 준비 과정에서도 성실하고 책임감 있게 참여하여 전반적으로 우수한 학업 성취를 유지하고 있음. 최근 학교에서 진행된 진로 탐색 활동을 통해 교육학과 진학이라는 목표를 설정하였으며, 학생이 지닌 뛰어난 의사소통 능력과 리더십은 교육 분야에서 학생들을 효과적으로 지도하고 협력적인 학급 문화를 조성하는 데 강점이 될 것으로 평가됨. 앞으로 교육학과 진학이라는 목표를 달성하기 위해 교육 관련 독서, 멘토링 활동, 수업 진행 보조 등 다양한 경험을 쌓고 있어 관련 역량이 한층 강화될 것으로 기대됨. (927바이트)

3번 학생 자료도 작성해줘.

(초안):
차분하고 신중한 성격으로 급우들에게 신뢰감을 주며, 갈등 상황이 발생했을 때 객관적이고 침착하게 중재하여 갈등을 원만하게 해결하는 뛰어난 문제 해결 능력을 보임. 학급 내 다양한 의견 충돌 상황에서도 상황을 냉정하게 판단하여 합리적인 해결 방안을 제시하며, 뛰어난 의사소통 역량과 협력적 태도를 지속적으로 나타내고 있음. 특히 자율·자치활동에서 환경보호 캠페인을 스스로 기획하고 주도적으로 참여하여 교내 환경 정화 활동을 성공적으로 이끌었으며, 이를 통해 우수한 리더십과 환경에 대한 책임감 및 실천력을 보여줌. 학습 태도 역시 매우 성실하며, 특히 수학과 과학 교과에서 탁월한 성취를 나타내고 있음. 어려운 문제를 만났을 때 스스로 심화학습 자료를 찾아 적극적으로 탐구하는 자기주도적 학습 역량이 돋보임. 또한 이공계 분야로의 진학을 목표로 환경 문제에 깊은 관심을 가지고 있으며, 구체적으로 환경공학 분야를 탐색하기 위한 노력을 꾸준히 하고 있어 진로 탐색 역량이 우수함. (936바이트)

진로 탐색 역량 부분이 다소 단순하네. 학생의 환경 문제에 대한 관심과 과학 역량이 환경공학 분야에서 어떻게 구체적으로 활용될 수 있는지, 그리고 앞으로의 발전 가능성까지 명시해줘.

(수정 후):

차분하고 신중한 성격으로 급우들에게 신뢰감을 주며, 갈등 상황이 발생했을 때 객관적이고 침착하게 중재하여 갈등을 원만하게 해결하는 뛰어난 문제 해결 능력을 보임. 학급 내 다양한 의견 충돌 상황에서도 상황을 냉정하게 판단하여 합리적인 해결 방안을 제시하며, 뛰어난 의사소통 역량과 협력적 태도를 지속적으로 나타내고 있음. 특히 자율·자치활동에서 환경보호 캠페인을 스스로 기획하고 주도적으로 참여하여 교내 환경 정화 활동을 성공적으로 이끌었으며, 이를 통해 우수한 리더십과 환경에 대한 책임감 및 실천력을 보여줌. 학습 태도 역시 매우 성실하며, 특히 수학과 과학 교과에서 탁월한 성취를 나타내고 있음. 어려운 문제를 만났을 때 스스로 심화학습 자료를 찾아 적극적으로 탐구하는 자기주도적 학습 역량이 돋보임. 또한 이공계 분야로의 진학을 목표로 환경 문제에 깊은 관심을 가지고 있으며, **학생이 지닌 과학적 분석력과 문제 해결 능력은 환경공학 분야에서 실질적인 연구 수행과 기술 개발에 강점이 될 것으로 평가됨. 앞으로 환경 관련 학술 활동, 실험 프로젝트, 현장 조사 경험을 꾸준히 확대해 나간다면 해당 분야에서의 전문성과 영향력이 한층 강화될 것으로 기대됨.** (1004바이트)

챗GPT는 위와 같이 행동특성 및 종합의견 작성 시 사전에 학습한 기재요령과 구조, 서술 규칙을 충실히 반영합니다. 특히 교사가 제공한 관찰 내용과 자기평가서에 포함된 주요 특성과 역량을 누락 없이 포함하도록 수정했으며, 문장의 흐름과 표현 방식도 지침에 맞추어 일관되게 유지했습니다. 행동특성 및 종합의견은 나이스에서 일괄 업로드가 지원되지 않으므로, 학생의 번호와 이름에 해당 내용이 올바르게 매칭되는지 반드시 확인한 후 개별적으로 복사 · 붙여넣기 해야 합니다.

PART

05

챗GPT 사전 학습용 학교생활기록부 영역별 우수 사례 모음

이 장은 실제 학교생활기록부의 과목별, 창의적 체험활동, 기타 서술형 항목 등 영역별 기록 내용을 바탕으로 구성된 우수 사례 모음입니다. 각 사례는 구조, 내용, 어휘 선택에서 모범이 될 만한 기준을 충족하며, 이를 챗GPT에 사전 학습시킴으로써 전체적인 틀과 구조, 표현 방식을 참고할 수 있습니다. 교사는 필요할 때 해당 사례를 불러와 생기부의 방향성을 잡거나 문장 전개·어휘 선택의 질을 높이는 데 활용할 수 있습니다. 또한 다양한 과목과 활동 영역에 맞춘 기록 작성 방향을 제시하여 학생의 특성과 성취를 효과적으로 드러내는 문장 구성 방법을 익히고, 현장에서 즉시 적용 가능한 기록 작성 역량을 강화할 수 있습니다.

5.1 과목별 세부능력 및 특기사항 우수 사례

미적분

주어진 문제 해결에서 익숙한 풀이를 넘어 다양한 접근 방법을 탐구하며, 난이도 높은 문제도 포기하지 않는 성실함과 집념을 지님. 방학 동안 스스로 학습 계획을 세워 목표를 달성하고, 학습 과정을 정리하여 교사와 의견을 나누며 자기 성찰을 이어감. 수업에서는 개념·원리·정리의 증명을 명확히 설명하고 친구들과 토론하며 수학적 의사소통 능력을 발휘함. 학급 내 스터디 모임에서 후배와 동료의 학습을 돕고, 복잡한 문제를 이해하기 쉽게 풀어주는 설명 능력을 갖춤. 특히 의학 분야에 관심을 두고, 미적분을 활용해 스마트워치로 측정한 심박수 변화를 함수로 나타내고 변화율을 분석하여 운동 강도와 심박수 상승 속도의 관계를 탐구함. 공개된 심전도 예시 데이터를 활용해 특정 구간의 면적을 적분으로 계산하고, 맥박 주기의 규칙성과 불규칙성을 비교 분석함. 또한, 체내 수분 섭취 후 혈당 변화 그래프를 작성하고, 이를 미분하여 혈당 변화 속도를 구한 뒤, 변곡점 시점과 신체 회복 반응의 관계를 발표함. 이를 통해 미적분 개념이 건강 관리와 기초 의학 분석에 어떻게 응용되는지 이해하였으며, 수학적 모델링을 통한 문제 해결 태도가 돋보임. 향후 의학과 수학을 융합해 인체 건강 증진에 기여할 가능성이 큼.

언어와 매체

수업에서 소쉬르의 구조주의 언어관과 촘스키의 생성문법 이론을 비교 분석하고, 두 관점이 공통적으로 언어와 사고의 상호작용을 강조한다는 점에 주목함. 이를 확장하여 높임법이 의사소통 방식과 사고 표현에 미치는 영향을 주제로 탐구함. 교사·학생을 대상으로 설문지를 제작해 동일한 문장을 높임법과 평어로 제시했을 때 상대방의 인상·친밀감·권위감이 어떻게 달라지는지 조사함. 응답 분석 결과, 공식적 상황에서는 높임법 선호도가 높았으나, 협력적 과제 수행에서는 평어 사용이 친밀감을 높였다는 응답이 많았다고 분석함. 그러나 일부 응답자는 평어가 오히려 어색함과 거리감을 유발한다고 답변함. 이를 통해 높임법의 복잡성이 소통을 제약할 수 있으나, 평어 사용과 같은 인위적 시도가 대화를 방해할 수도 있다는 결론을 도출함. 발표 자료에서는 정치 담론과 일상 언어 사례를 함께 분석하였으며, 정치권에서 '사죄' 대신 '유감'을 사용해 의미를 완화하는 표현 방식과, 일상에서 감정을 '짜증나다'로 단순화해 전달하는 사례를 비교하여 언어 선택이 메시지의 뉘앙스와 수용자의 해석에 어떤 차이를 만드는지 설명함. 이를 통해 언어와 매체가 사회적 인식과 사고방식에 미치는 영향을 비판적으로 성찰하는 태도를 보임.

생활과 윤리

수업에 성실히 참여하며 현대 사회의 윤리적 쟁점을 철학 이론과 연결해 깊이 탐구함. 탐구 과제에서는 '기술 발전과 인간의 존엄성'을 주제로 인공지능, 유전자 편집, 생명 연장 기술이 인간 삶에 미치는 영향을 조사함. 자료 분석 과정에서 칸트의 의무론과 공리주의를 대조하여, 인간을 수단이 아닌 목적으로 대우해야 한다는 관점과 최대 다수의 최대 행복을 추구하는 관점의 차이를 정리함. 이를 바탕으로 인공지능이 의료·복지 분야 의사결정에 미치는 장단점을 검토하고, 유전자 편집 기술의 사회적 합의 필요성과 생명 연장 기술의 윤리적 한계를 분석함. 조사 과정에서 신문 기사와 학술 자료를 함께 활용하여 기술이 효율성과 편리성을 제공하는 동시에 인간 존엄성 훼손 가능성을 내포하고 있음을 파악함. 발표에서는 가치 충돌 상황에서 합리적 판단을 내리기 위해 필요한 기준을 제시하고, 칸트 의무론의 '인격의 원리'를 근거로 인간 존엄성 보장의 필요성을 강조함. 토론에서는 동료 의견을 경청하며 자신의 논거를 보완했고, 보고서 작성 시 구체적 사례와 근거를 명확히 제시하여 설득력을 높임. 이를 통해 현대 사회의 복잡한 윤리 문제를 다각도로 분석하고, 철학적 원리를 현실 문제 해결에 적용하는 능력을 발전시킴.

사회 · 문화

수업에서 사회 제도의 변화와 그 영향에 대해 적극적으로 토론하며, 발표와 보고서 작성에서 논리적 전개와 설득력을 고루 갖춤. 탐구 과제에서는 '청년층 주거 불안이 사회 구조에 미치는 영향'을 주제로 삼아, 통계청 자료와 시 · 군 · 구별 청년 주거 지원 현황을 조사함. 주거 불안이 고용 안정성, 결혼 및 출산율, 지역 공동체 참여도에 미치는 영향을 지역 신문 기사, 공공기관 보고서, 인터뷰 자료 등을 바탕으로 분석함. 특히 지역 청년 센터와 협력하여 주변 청년들의 주거 형태와 경제적 부담, 사회활동 참여 경험을 조사하고, 이를 통해 주거 환경과 사회 참여의 상관관계를 도출함. 분석 과정에서는 단순한 수치 나열이 아니라, 청년들의 실제 경험담과 통계 자료를 결합해 현실감을 높였음. 결과를 표와 그래프로 제작하여 급우들과 공유하였으며, 논의 과정에서 청년 임대주택 공급 확대가 주거 안정에 기여할 수 있다는 대안을 제시함. 이를 통해 사회문화 현상을 생활 속에서 구체적으로 탐구하고, 문제 해결을 위해 제도와 개인의 역할을 함께 고려하는 통합적 사고력을 발전시킴.

확률과 통계

수업에 적극적으로 참여하며 교사의 질문에 성실히 대답하고, 다양한 풀이 방법을 제시하여 수업 분위기 형성에 기여함. 경우의 수 단원에서는 문제 해결 과정에서 조건을 변형하거나 단순화하는 방법을 탐구하며, 교과서 풀이와 다른 접근을 제시함. 친구들에게 설명할 때에는 눈높이를 고려하여 이해하기 쉽게 전달하고, 발표 시 논리적 흐름과 예시를 활용해 집중도를 높임. 자료의 분석과 해석을 주제로 한 활동에서 교재에 나온 체온 변화 데이터 분석 문제를 학습한 뒤, 하루 동안의 심박수와 체온 변화를 기록한 예시 데이터를 활용하여 발표를 준비함. 이를 바탕으로 계절과 체온 변화의 관계를 주제로 문제를 제작하고 직접 풀이함. 이후 공공 보건 자료에서 제공하는 가상의 보행 수·심박수 데이터를 활용하여, 운동량과 건강 지표 간의 상관관계를 분석함. 상관계수와 회귀분석 개념을 적용하여 운동량이 증가할수록 심박수 안정성과 회복 속도가 어떻게 달라지는지 도출하고, 이를 건강 관리와 생활습관 개선 방안과 연결함. 확률분포 단원에서는 모집단과 표본집단의 관계를 비교 분석하고, 표본집단을 통해 모집단 특성을 추정하는 과정을 실습함. 표본평균과 표본표준편차의 개념을 적용하여, 표본평균이 확률변수가 될 수 있음을 이해하고 이를 간단한 건강 관련 데이터 분석 문제에 적용함. 학습 과정에서 알게 된 점을 교사와 검증하며, 문제 해결 과정의 정확성과 통계적 해석의 타당성을 높임. 이를 통해 통계적 사고와 자료 해석력을 심화시키고, 의학 및 보건 분야에서 데이터를 활용하는 기초 역량을 발전시킴.

기하

기하에 대한 전반적인 지식을 갖추고 수업에 열중하며, 직선과 평면의 수직 관계 증명, 이차 곡선 문제 등에서 이해가 될 때까지 질문하고 스스로 원리를 재구성함. 친구들의 질문에 성실히 대답하며 풀이 방법에 대한 의견을 나누어 더 나은 해결 방안을 찾는 협력적 태도를 보임. '수학으로 보는 건축 구조(김용운 외)'를 읽고, 건축물의 안정성을 높이는 삼각형 구조와 아치형 곡선의 기하학적 원리를 탐구함. 책에서 다룬 삼각형 구조의 하중 분산 개념을 토대로 유명 다리와 경기장 지붕 사진을 수집·분석하고, 힘의 벡터 합과 평형 조건을 좌표 도형으로 나타내는 활동을 진행함. 특히 곡선형 지붕의 형태를 좌표 평면에 모델링하고 곡률 반경 변화가 구조적 안정성에 미치는 영향을 계산하여 발표함. 또한 타원의 광학적 성질이 반사판 설계에 어떻게 활용되는지를 조사하고, 초점 거리와 반사각 변화가 신호 집중 효과에 미치는 영향을 시뮬레이션하여 기하적 원리와 실제 기술의 연계를 제시함. 발표 자료에는 구조물 설계 과정과 기하 분석을 결합한 시각 자료를 포함하여 급우들의 이해를 높였으며, 질문에 대한 명확한 답변으로 토론을 주도함. 이를 통해 기하학 개념을 실생활 구조물에 적용하는 능력과, 탐구 내용을 체계적으로 전달하는 의사소통 역량을 함께 발전시킴.

생명과학 I

과학적 문제 해결력이 뛰어나고 과제 집착력과 분석력이 우수하며, 발표를 통해 논리적 흐름을 명확히 전달하는 능력을 지님. 실험 설계와 자료 해석을 위해 꾸준히 자료를 탐독하며 과학 탐구 능력을 발전시킴. 세포 호흡 과정을 깊이 이해하기 위해 호흡 기질에 따른 이산화탄소 발생량 비교 실험을 설계하고, 포도당·자당·전분 처리 조건별 결과를 분석하여 호흡 효율 차이를 정리함. 효소의 작용 조건에 따른 반응 속도 변화를 확인하기 위해 온도와 pH를 변인으로 설정하고, 카탈레이스 반응 실험을 통해 최적 조건을 도출함. 모둠 활동에서 멘토로서 실험 원리를 도식화하여 설명하고, 조원들이 기록과 분석을 정확히 수행하도록 지도함. '오늘도 우리 몸은 싸우고 있다'(홍완기)를 읽고, 책에서 제시한 면역계의 다층적 방어 체계를 바탕으로 선천성과 후천성 면역 반응의 차이를 정리함. 이를 토대로 백혈구 종류별 역할과 상호작용 사례를 조사하고, 호중구와 대식세포의 세균 제거 방식, B세포와 T세포의 면역 기억 형성과정을 도식과 함께 설명함. '세포, 생명의 방'(브루스 앨버츠)을 읽고, 세포 소기관의 기능과 손상 시 발생하는 질병 사례를 탐구함. 특히 책에서 언급된 미토콘드리아 기능 저하와 대사성 질환의 연관성을 심화 조사하여 탐구 보고서로 발표함. 전 과정에서 과학적 탐구 과정을 성실히 수행하며, 결과를 체계적으로 분석하고 공유하는 태도가 돋보임.

화학Ⅱ

활기찬 수업 분위기를 주도하며 화학 평형 이동 실험에서 조원들의 적극적인 참여를 이끌고, 수행평가 준비 과정에서 전 학급의 학습을 돕는 등 학업적·인성적으로 모범을 보임. 심화 탐구 활동에서 중탄산염 완충계의 화학적 작용 원리를 이해하고, 이를 해양 산성화 현상에 적용하여 조개·산호의 성장에 미치는 영향을 분석함. 공공 해양 자료를 활용해 용존 이산화탄소 농도와 pH, 탄산염 농도 간의 상관관계를 해석하며 화학 개념을 확장함. 자기 주도적 학습 능력이 우수하여 분자 구조 단원에서 이성질체의 개념을 심화 학습하고, 카이랄성 물질이 해양 생물에 미치는 영향을 조사함. 상평형 학습 내용을 확장하여 대기압 플라즈마의 산업 응용을 주제로 발표함. 플라즈마에서 생성되는 활성종의 살균 원리를 설명하고, 식품 보관 시 곰팡이와 세균 번식을 억제하는 연구 자료를 근거로 유용성을 입증함. 이를 토대로 포장 내부에 적용 가능한 소형 플라즈마 장치 설계안을 제시하여 식품 신선도 유지와 폐기물 감소 방안을 구체화함. 발표 과정에서 복잡한 자료를 이해하기 쉽게 설명하고, 시각 자료와 데이터 분석을 활용해 설득력을 높임. 이러한 과정을 통해 화학 개념을 다양한 분야와 연결하고, 자료 분석과 응용을 바탕으로 실질적 해결책을 도출하는 탐구 역량을 발휘함.

물리 II

성실하고 예의 바르게 수업에 임하며, 학습 주제에 호기심을 가지고 적극적으로 질문하며 이해를 확장함. 자기 주도 학습 능력이 뛰어나 복잡한 개념도 스스로 탐구하여 정리하는 습관이 돋보임. 파동 단원에서 파동 방정식을 활용한 심화 문제에 몰입하여, 줄의 장력·선밀도·파동 속도 간의 관계를 분석하고, 경계 조건 변화가 정상파 형성에 미치는 영향을 실험과 계산으로 검증함. 공명 현상을 주제로 특정 파장과 주파수 조건에서의 진폭 변화를 측정하고, 이를 그래프로 표현하여 파동 에너지 전달 효율을 해석함. 전자기 단원에서는 앙페르 법칙과 패러데이 법칙을 함께 적용하여 변압기의 원리를 분석하고, 권선비 변화가 전압과 전류에 미치는 영향을 모의 실험 데이터로 제시함. '빛과 물질에 관한 특강'(리처드 파인만)을 읽고, 빛과 전자기파의 파동성을 기반으로 한 다양한 응용 사례를 탐구함. 전자기파가 매질을 통과할 때 나타나는 굴절·반사 현상을 파동의 관점에서 정리하고, 이를 일상 속 무선 통신·광섬유·레이더의 신호 전달 원리와 연결함. 발표 과정에서 복잡한 수식과 개념을 그림과 시뮬레이션으로 쉽게 설명하여 급우들의 이해를 높였으며, 토론에서 제기된 질문에도 논리적으로 답변함. 이를 통해 물리학적 개념을 수학적 모델과 연계하여 해석하는 능력과, 이를 명확히 전달하는 의사소통 역량을 발전시킴.

독서

'경쟁 없는 사회가 가능할까'(우치다 타츠루)를 한 학기 한 권 읽기 도서로 선정하여 꾸준히 읽고, 경쟁 중심 사회 구조가 교육 현장에서 재생산되는 문제를 완화해야 한다는 저자의 주장에 공감함. 학생으로서 느낀 입시 압박과 경쟁으로 인한 심리적 부담을 돌아보며 '경쟁을 넘어선 교육의 길'이라는 제목의 서평을 작성함. 이후 문제의식을 확장하여 교과서 철학 제재를 읽고, 파울로 프레이리의 교육관에 주목하여 오늘날 교육 비인간화의 극복 방안을 탐구함. 프레이리가 강조한 주체적 학습자 형성, 억압 구조를 깨는 비판적 의식 함양, 상호 존중과 대화를 통한 교육이 능력주의 사회를 극복하는 데 시사점을 줄 수 있음을 밝힘. 이러한 교육을 통해 주체적 인간으로 성장하고 타인과의 관계를 존중하는 태도를 기를 수 있다는 자신의 생각을 발표함. 행복에 대한 다양한 관점을 제시한 세 편의 글을 읽고, 행복을 느꼈던 구체적 경험을 떠올리며 자유롭고 자발적인 성장이 곧 행복이라는 신념을 담아 통일성 있는 에세이를 완성함. 이러한 활동을 통해 비판적 독서, 철학적 탐구, 자기 성찰을 결합한 통합적 사고력을 발전시킴.

문학

바른 태도로 수업에 임하며 성실하게 학습 활동에 참여하는 모범적인 학생임. '태백산맥'(조정래)을 읽고 시대적 배경에 주목하여 해방 이후 한국 사회의 정치·이념 갈등과 지역 공동체 분열을 다각도로 분석함. 작품을 영화 '1987'과 연결해 권력과 정의의 대립이라는 측면에서 감상한 내용을 정리하고, 민주적 가치와 인권이 존중되는 사회만이 지속 가능한 발전을 이룰 수 있다는 결론을 도출함. 분석 내용을 정리한 PPT 자료를 제작하여 발표를 진행하였으며, 시청각 자료와 인물 관계도를 활용해 급우들의 이해와 토론 참여를 이끌어냄. 친구들에게 소개하고 싶은 시로 '사람들은 왜 모를까'(문정희)를 선정하여 내용·형식 분석과 시대적 맥락을 바탕으로 주제를 도출하고, 시 속 사회적 무관심과 고독의 정서를 공동체 속 단절 경험과 연결한 글을 창작함. 창작 시와 감상문을 바탕으로 말하기 대본과 발표 자료를 준비해 낭송 발표를 진행하였고, 청중의 공감을 얻어 토론이 활발히 이어짐. '광장'(최인훈)을 읽고 소설의 갈래와 시점을 이해하며, 작품 속 인물의 성격과 선택을 분석한 글을 작성함. 분석 내용을 정리한 후 모둠별 발표에서 사회적 이상과 개인의 현실적 선택의 충돌을 주제로 토론을 주도하며 폭넓은 이해를 보여줌.

영어 I

진지한 학습 태도와 높은 집중력으로 영어 의사소통과 정보 이해 능력이 우수함. 모르는 부분은 질문으로 확인하며 개념을 완전히 이해하려는 태도가 돋보임. 학습 내용을 친구들에게 설명할 때에는 사례와 구조도를 활용하여 이해를 돕는 등 학습 멘토로서 성실히 활동함. 주제 탐구 활동에서 '환경 보호와 지속 가능한 사회'를 주제로 한 자료를 분석하고, 주요 내용을 원인·영향·해결 방안으로 구분하여 정리함. 이를 바탕으로 '지속 가능한 미래를 위한 실천'이라는 주제로 글을 작성함. 서론에서는 의문문을 활용해 독자의 관심을 끌고, 본론에서는 비교·대조 구조와 조건문을 사용하여 논지를 전개함. 결론에서는 당위 표현과 제안 문장을 통해 해결 방안을 제시함. 글쓰기 과정에서 제시된 관계대명사절과 병렬 구조를 적절히 활용하여 문장의 흐름을 매끄럽게 하고, 원인과 결과를 연결하는 구문을 정확히 사용함. 완성된 글은 논리적 일관성과 설득력이 뛰어났으며, 주제 관련 어휘를 자연스럽게 반영해 의미를 풍부하게 함. 학습 과정 전반에서 목표를 설정하고 꾸준히 실천하는 자기 주도성이 두드러짐.

영어 II

1학기 주제인 '세계 여러 영어'의 개념과 특징을 심화 탐구하기 위해 '다양한 영어 변종이 세계 소통에 미치는 영향'을 주제로 글을 작성함. 6차시에 걸쳐 마인드맵, 개요, 서론·본론·결론 작성 과정을 성실히 수행함. 서론에서는 일상적인 대화 상황을 제시하며 흥미를 유도하고, 본론에서는 표준 영어와 여러 지역 영어의 발음·어휘·표현 차이를 비교 설명함. 이 과정에서 '반면에', '게다가'와 같은 연결 표현과 비교급·최상급 구조를 적절히 사용하여 문장의 다양성을 높였음. 또한 간접화법, 조건문, 강조 구문을 활용해 의미를 분명히 전달함. 결론에서는 다양한 영어 변종이 상호 이해를 넓히고 문화적 포용성을 증진할 수 있다는 점을 강조하며, 이를 위해 교육 현장에서 다양한 영어 사용 사례를 접할 기회가 필요하다고 제안함. 탐구 과정에서 세계 각 지역의 문화와 언어가 공존하는 환경이 국제 소통 능력 향상에 기여한다는 통찰을 얻었으며, 이를 후속 연구의 방향으로 삼음. 전체적으로 문법 구조와 표현을 주제 내용에 자연스럽게 반영하여 높은 수준의 영어 쓰기 역량을 보여줌.

동아시아사

수업 중 진행한 역사 인식 개선 프로젝트에서 '5·4 운동과 신문화운동'을 주제로 선택하여 자료를 조사하고 발표함. 근대 중국사 학습 중, 이 운동이 단순한 반제·반봉건 투쟁을 넘어 사회 전반의 근대화를 촉진한 사건임을 알게 되어 관심을 가짐. 운동의 배경이 된 베르사유 조약과 산둥 문제, 학생 시위의 확산, 지식인의 참여와 신문화운동과의 연계를 중심으로 인터넷 자료, 신문 기사, 전공 서적 발췌독 등을 통해 폭넓게 조사함. 발표에서는 전개 과정을 연표와 지도 자료로 제시하고, 민주·과학 사상, 문백 논쟁 등 핵심 사상을 역사적 맥락 속에서 설명함. 특히 5·4 운동이 중국의 문학 혁신과 교육 개혁, 여성 해방, 새로운 사회사상 확산에 끼친 영향을 분석하며, 정치·사회뿐 아니라 문화 전반의 변화를 이끈 사례임을 강조함. 또한 신문화운동이 5·4 운동의 사상적 토대가 되었음을 밝히고, 두 사건이 청년 세대의 비판 의식과 사회 참여 의지를 강화시킨 점에 주목함. 이를 통해 과거와 현재의 사회 변화를 비교하며, 청년 세대의 주도적 참여가 사회 발전의 중요한 동력이 될 수 있다는 결론을 제시함.

윤리와 사상

수업 시간마다 집중하여 적극적으로 참여하고, 주어진 주제에 대해 깊이 사고하며 의문이 있으면 질문을 통해 확실히 이해하고자 노력함. 다양한 사상에 흥미를 가지고 심화 학습을 위해 관련 도서를 찾아 읽으며 자기 주도적 학습 태도를 보임. 사상가 탐구 발표회에서 존 롤스의 정의론을 주제로 선정하여, 핵심 개념인 '원초적 입장'과 '무지의 베일'을 중심으로 현대 사회의 교육 기회 불평등 문제를 분석함. 이를 시각 자료와 함께 발표하여 청중의 이해를 높였으며, 롤스의 '차등 원칙'이 사회적 약자의 기회 확대에 기여할 수 있음을 제시함과 동시에 제도 실행 과정에서 나타날 수 있는 한계도 비판적으로 서술한 보고서를 완성함. 이 과정에서 사상과 현실을 연결하는 통합적 사고력과 해석 능력을 발휘함. '루소가 권하는 인간다운 삶'(김중현)을 읽고, 루소의 자연주의 교육사상과 롤스의 정의론을 비교하여 활동지에 정리함. 루소가 강조한 자연주의와 롤스가 제시한 공정성 원칙 모두 교육의 목적과 가치의 중요성을 공유한다는 점을 밝힘. 현대 사회 윤리 문제 조사 활동에서 인간 소외 현상을 선정하여, 개인주의 심화로 인한 관계 단절과 공동체 해체를 문제의 원인으로 분석함. 수업에서 배운 공자의 인을 바탕으로 상호 배려와 존중의 문화 형성, 예를 통해 사회 규범과 질서 회복, 중용으로 극단적 경쟁 완화를 제안하는 등 단계별 해결책을 제시함. 이를 통해 도덕적 성찰과 윤리적 사고를 구체적으로 실천 방안으로 연결하는 역량을 보여줌.

정치와 법

흐트러짐 없는 자세로 수업에 집중하며, 궁금한 내용은 질문을 통해 완전히 이해하고 학습 내용을 심화 탐구하는 태도가 돋보임. 기본권 탐구 활동에서 '개인정보 보호와 국가 안보'의 균형을 주제로 조사하며, '개인정보의 역습'(정진호)을 읽고 디지털 환경에서의 과도한 개인정보 수집이 사생활의 자유를 침해할 수 있다는 점을 지적함. 제도적 측면에서는 개인정보 수집 범위의 법적 제한과 독립적인 감독 기구 설치의 필요성을, 의식적 측면에서는 시민의 정보 인권 감수성 제고 방안을 제시함. '정치과정'을 학습한 후 이스턴의 정치체계론을 활용하여 '청소년 지방선거 투표권 확대'라는 자율 정책 제안의 산출 과정을 분석하고, 정책이 투입·전환·산출·환류 단계를 거쳐 제도화되는 과정을 발표함. 형사 절차 분석 활동에서는 '디지털 성범죄' 관련 판례와 수사 과정을 조사하고, 절차에 맞춰 사건을 재구성하며 피해자 보호와 가해자 처벌의 균형을 논리적으로 제시함. 자유주제 발표에서는 '스토킹 범죄의 처벌 등에 관한 법률'의 제정 배경과 주요 내용, 최근 개정 방향을 체계적으로 정리하여 발표해 긍정적인 반응을 얻음. 민법 탐구 모둠활동에서 조장으로서 가상의 부동산 임대차 계약 사례를 설정하고, 조원들의 의견을 조율해 계약 조건을 완성하며 계약서를 작성함. 전 과정에서 주도적으로 역할을 수행하고, 합리적 판단과 원만한 의사소통으로 과제를 성공적으로 이끌어감.

지구과학 I

수업 태도가 바르고 호기심이 많아 교사와의 질의응답에서 적극성을 보이며, 자기 주도적으로 개념 정립과 오답 분석을 수행함. 개념 노트를 작성하고 관련 자료를 찾아 심화 학습을 이어가며, 점심시간과 방과 후를 활용해 끈기 있는 질문으로 문제 해결 능력을 발전시킴. 모둠 발표에서 '기후 변화와 해수면 상승'을 주제로 탐구하여, 위성 관측 자료와 기상청 데이터를 바탕으로 최근 50년간 해수면 상승 추세를 분석함. 수온 상승에 따른 해수 팽창, 빙하와 빙상의 융해가 해수면 높이에 미치는 영향을 정리하고, 다양한 해안 지형 변화를 사례로 제시함. 이어 기후 변화 시나리오에 따른 미래 해수면 예측 결과를 비교 분석함. '기후 위기와 지구의 미래'(조천호)를 읽고, 책에서 제시된 해양 생태계 변화 사례를 참고하여 기후 변화가 어류 서식지 이동, 산호초 백화 현상에 미치는 영향을 조사·발표함. 창의적 사고 확장을 위해 학교 주변의 토양 샘플을 채취·분석하여 침식 정도와 토양 입경 분포를 조사하고, 강우 패턴 변화와의 상관관계를 탐구 보고서로 작성함. 이러한 탐구 전 과정에서 변인을 설정하고 자료를 분석하여 결론을 도출하는 과학적 태도를 유지하였으며, 결과를 명확하고 조리 있게 전달하는 발표 역량을 보여줌.

5.2 창의적 체험활동 특기사항 우수 사례

자율활동

학급 자율 주제 '인공지능 시대의 인간성 탐구'에서 주제 선정과 활동 계획 수립을 맡아 성실히 수행함. 극한 상황에서 나타나는 인간의 본능과 공동체 유지에 필요한 조건을 분석하기 위해 역할극을 기획·진행하고, 실험 의도와 과정, 관찰 결과를 명확히 설명함. 이후 '인간 본성에 대하여(에리히 프롬)'를 읽고, 인간의 행동이 본능뿐 아니라 사회·문화적 환경에 의해 형성된다는 관점을 바탕으로 실험 결과를 해석함. 문명과 규범이 약화된 상황에서 이기심과 연대의식이 어떻게 발현되는지를 분석하고, 공동체 유지에는 책임과 배려, 상호 신뢰가 필요하다는 결론을 도출함. 창의융합 프로젝트에서는 '고전 문학 속 인물 관계 심리 분석' 부스를 기획하여 다양한 작품의 줄거리를 분석하고 인물 간 관계도를 구성해 학생들의 참여를 유도함. 전시에서는 시각 자료와 해설 글을 통해 문학 속 갈등 양상을 비교하고, 관람 학생들이 공감한 부분을 설문으로 수집·분석함. 행사 운영 중 참여 기회의 형평성을 유지하고, 거동이 불편한 학생을 위해 이동 동선을 조정하는 등 세심한 배려를 실천함. '학교 생활 환경 개선' 프로젝트에서는 학습 공간의 소음 문제를 주제로 포스터를 제작하고, 문학 작품의 구절을 인용해 메시지의 설득력을 높였으며, 활동 내용을 학급 신문에 게재하여 공감을 이끌어냄. 이후 학생 인터뷰를 통해 활동 효과를 분석하고 개선 방향을 제시하며, 계획·실행·평가 전 과정에서 주도성과 협력적 태도를 고루 발휘함.

동아리 활동: 사회과학토론반

사회 문제를 분석하고 해결책을 모색하는 과정에서 높은 관심과 열정을 보임. '기후 변화 대응 정책은 경제 성장과 양립할 수 있는가?'라는 의문에서 출발하여 환경 보호와 경제 발전의 상호 관계를 탐구함. 환경 정책과 산업 구조 변화에 관한 자료를 조사하고, 재생에너지 확대, 산업 전환, 녹색 일자리 창출 방안을 분석함. 국가별 대응 전략에 따른 효과 차이를 비교하고, 환경 보호와 경제 성장을 조화시키기 위한 조건을 발표함. 토론 과정에서 에너지 전환 지원 정책과 친환경 산업 투자 확대 방안을 제시하며 동아리원들의 의견을 적극적으로 이끌어 냄. 활동 후, 정책 실현 과정에서 이해관계 조정의 어려움이 있다는 한계를 인식하고, 향후 실효성 있는 대안을 연구해 보고 싶다는 포부를 밝힘. 학교 동아리 행사에서는 '우리 학교 에너지 사용 현황과 절감 아이디어'를 주제로 부스를 운영함. 사전 조사로 교실 조명 사용 빈도, 전자기기 대기전력, 냉난방 온도 설정 등을 기록·분석하여 결과를 시각 자료로 제시함. 부스 참여 학생들에게 절감 아이디어를 제안하게 하고, 실천 서약카드를 작성하도록 하여 행사 후 교내에 전시함. 자료 제작과 진행을 주도하며 팀원들을 격려하고 조율하는 과정에서 리더로서의 자질을 보여줌.

5.3 기타 학교생활기록부 서술형 항목 우수 사례

학교자율교육과정

공교육 변화의 필요성과 수업에서의 소외 문제를 주제로 탐구하며, 이를 개선할 방안을 모색함. 학교 자율 교육과정에서 해당 주제를 심화하기 위해 교육 제도의 역사와 현재 운영 방식, 그리고 수업 참여 격차의 원인을 조사함. '미래교육을 디자인하다(유네스코 교육위원회 보고서 기반)'를 읽고, 표준화된 교육 체제가 모든 학생의 학습 방식과 속도를 반영하기 어렵다는 점에 주목함. 책에서 제시된 학습자 중심 교육의 원리를 바탕으로, 다양한 학습자 특성을 고려한 맞춤형 수업의 필요성을 제기함. 이를 위해 국내 교육 혁신 사례를 분석하고, 학생 주도형 프로젝트 수업과 협력 학습 모형의 장단점을 비교함. 수업 소외 문제 해결 방안으로는 학생의 관심 분야와 진로 희망을 반영한 소규모 주제별 학습 모둠 운영을 제안함. 모둠별로 토론·자료조사·결과발표의 역할을 분담하여 모든 학생이 학습 과정에 적극 참여하도록 설계하고, 온라인 데이터 분석 도구를 활용해 학습 진행 상황과 참여도를 시각적으로 분석함. 이를 통해 학급 전체를 대상으로 하면서도 개별 학생의 참여를 촉진할 수 있는 구조를 구상함. 보고서 작성에서는 수업 참여의 불균형이 장기적으로 학습 의욕과 성취에 미치는 부정적 영향을 분석하고, 이를 완화하기 위해 학교 차원의 지원 체계 마련과 교사의 역할 조정이 필요하다는 결론을 제시함. 이러한 활동을 통해 교육 제도와 학습 환경을 비판적으로 바라보는 시각을 넓히고, 실질적 개선 방안을 설계하는 능력을 기름.

주문형강좌(교육학)

교육학에 대한 이해력과 분석력이 뛰어나 교육 현상과 관련한 주요 이론과 개념, 핵심 문제를 깊이 있게 파악함. 교육의 제반 현상을 논리적으로 해석하며, 다양한 관점에서 쟁점을 분석함. '왜 학교는 불행한가'(존 테일러 가토)와 '공부하는 인간'(강대기)을 읽고 독서토론에 적극 참여하여 자신의 의견을 체계적으로 제시함. 토론에서 사례와 통계를 근거로 비판적 시각을 유지하고, 발언의 균형을 조율하여 토론 흐름을 원활히 이끔. 협력학습 활동에서는 조별 과제의 방향을 설정하고 역할을 조정하는 등 리더십을 발휘함. 논리적 글쓰기 능력이 뛰어나 토론 후 종합 의견을 분석적으로 정리하여 제출하며, 자료의 핵심을 간결하게 요약함. '교육이 사회 불평등을 심화시키는가'라는 주제의 발표에서 국제 기구 교육 지표와 국내 사례를 근거로 완성도 높은 발표를 수행하였고, 질의응답에서 명확한 논리와 근거를 제시함. 청소년 범죄 예방 교육 관련 토론에서는 촉법소년 연령 조정과 처벌 강화에 대한 입장을 제시하고, 국제 비교 자료를 활용해 현실적 대안을 제안함. 밝고 적극적인 성격으로 원활한 소통을 중시하며, 새로운 관점을 수용하는 열린 사고를 지님. 스스로 문제 해결 방법을 모색하고 실행하는 자기 주도적 학습 태도로 다양한 교육학 주제에 자신 있게 접근함.

**챗GPT는
거들 뿐,
생기부는
내가 쓴다!**

PART

06

자주 묻는 질문(FAQ)

Q 챗GPT로 생성한 생기부 특기사항이나 수행평가, 행사가 다른 학생이나 타 학교와 유사하거나 중복되지 않을지 걱정됩니다. 이를 어떻게 하면 좋을까요?

Q 2025학년도 고등학교 학교생활기록부 각 영역의 최대 입력 가능한 글자 수(한글 기준)는 어떻게 되나요?

Q 문서나 매뉴얼을 사전 학습시킬 때 꼭 PDF 파일로 학습시켜야 하나요?

Q 특기사항 기록을 위해서는 학생의 수행 과정이나 오랜 기간 관찰한 내용을 토대로 해야 하는데, 이를 효과적으로 기록하려면 어떤 방법이 좋을까요?

Q 챗GPT가 생성한 내용을 학교생활기록부에 그대로 복사하여 사용해도 괜찮나요? 교사의 추가 작업이나 검토가 필요한가요?

Q 챗GPT로 생성된 생기부 기록이 학생 평가에 대한 객관성과 신뢰성을 충분히 확보할 수 있나요?

Q 챗GPT가 특정 정보를 잊지 않고 계속 기억하도록 설정하려면 어떻게 해야 하나요?

Q 생성형 인공지능을 활용해 학교생활기록부 서술형 항목을 작성해도 되나요?

Q 챗GPT로 생성한 생기부 특기사항이나 수행평가, 행사가 다른 학생이나 타 학교와 유사하거나 중복되지 않을지 걱정됩니다. 이를 어떻게 하면 좋을까요?

A 챗GPT는 생성형 인공지능(Generative AI)입니다. 사용자의 질문(프롬프트) 입력 방식이나 표현이 달라지면 결과물도 달라지기 때문에 질문 자체가 답변을 결정합니다. 같은 프롬프트를 입력하더라도 입력 시마다 표현이나 세부사항이 달라지면 전체적인 구조를 제외한 내용과 문장 표현은 매번 새롭게 생성됩니다. 이것이 바로 생성형(Generative) 인공지능의 핵심입니다. 예를 들어, 소크라테스의 유명한 격언인 「질문이 곧 답이다」와 같이, 입력되는 프롬프트에서 학생 개개인의 구체적인 활동 특성, 관찰 내용, 수행 과정, 성장과정, 역량 표현 등을 세밀하게 제시하면 생성형 AI인 챗GPT는 개별 학생의 특징에 맞춰 매번 전혀 다른 결과물을 창의적으로 생성합니다. 따라서 동일하거나 유사한 수행평가나 행사라 할지라도 학생마다 구체적인 활동 사항과 관찰된 특성을 프롬프트에 포함하여 입력하면, 다른 학생이나 타 학교와 중복되는 문제를 효과적으로 해소할 수 있습니다. 결국 프롬프트가 달라지면 답변이 달라지기 때문에 교사의 프롬프트 작성 역량과 세부적인 질문 방식이 가장 중요합니다.

Q 2025학년도 고등학교 학교생활기록부 각 영역의 최대 입력 가능한 글자 수(한글 기준)는 어떻게 되나요?

A 2025학년도 고등학교 학교생활기록부 각 영역의 최대 입력 가능한 글자 수(한글 기준)는 다음과 같습니다.

(교육정보시스템. 2025.)

영역	세부항목	최대 글자수(한글 기준)	비고
1. 인적·학적사항	학생 성명	20자	영문 60자
	주소	300자	
	특기사항	500자	
2. 출결상황	특기사항	500자	
3. 수상경력	수상명	100자	
	참가대상(참가인원)	25자	
4. 자격증 및 인증 취득상황	명칭 또는 종류	100자	
5. 창의적 체험활동상황*	자율·자치활동 특기사항 (2~3학년은 자율활동)	500자	
	동아리활동 특기사항	500자	
	진로활동 특기사항	700자	
	봉사활동실적 활동내용	250자	
6. 일상생활 활동상황	특기사항	1000자	
7. 교과학습발달상황*	과목별 세부능력 및 특기사항	과목별 500자	
	개인별 세부능력 및 특기사항	500자	
8. 독서활동상황*	공통	500자	
	과목별	250자	
9. 행동특성 및 종합의견*	행동특성 및 종합의견	500자	
10. 전공 과정	1학기	60자	부전공 30자 이내 세부전공 30자 이내 복수전공 30자 이내
	2학기	60자	부전공 30자 이내 세부전공 30자 이내 복수전공 30자 이내
	비고	250자	

* 최대 글자 수 기준은 학년 단위임.
※ 교육정보시스템에서 입력 글자의 단위는 Byte이며, 한글 1자는 3Byte, 영문·숫자 1자는 1Byte, 엔터(Enter)는 1Byte임.
※ 훈령 제243호(2018.3.1.) 이전의 적용을 받았던 학생이 복학, 재입학, 편입학 등의 사유로 제280호(2019.3.1.) 이후 훈령의 적용을 받아 항목별 입력 가능한 글자 수가 축소되는 경우, 학업성적관리위원회의 심의를 통해 변경된 글자 수에 맞도록 수정하여 입력해야 함.

Q 문서나 매뉴얼을 사전 학습시킬 때 꼭 PDF 파일로 학습시켜야 하나요?

A 아닙니다. PDF 파일 외에도 다양한 문서 형식을 활용하여 학습시킬 수 있습니다. 현재 지원되는 파일 형식은 다음과 같습니다.

- **문서 파일**: PDF(.pdf), Word(.docx), Excel(.xlsx), PowerPoint(.pptx), 텍스트 파일(.txt)
- **이미지 파일**: JPG(.jpg), JPEG(.jpeg), PNG(.png)
- 단, 한글(.hwp) 문서 형식은 지원하지 않으므로, 한글 문서 내용은 위의 지원 가능한 형식으로 변환 후 업로드하여 사용해야 합니다.

Q 특기사항 기록을 위해서는 학생의 수행 과정이나 오랜 기간 관찰한 내용을 토대로 해야 하는데, 이를 효과적으로 기록하려면 어떤 방법이 좋을까요?

A 특기사항 기록을 위한 학생 자료는 다음과 같은 방식과 플랫폼을 활용하여 수집하면 효과적입니다.

- **종이 형식의 에세이 수행평가**: 학생이 작성한 수행평가지를 교사가 학생의 인적 정보(이름, 학번 등)를 제외하고 사진으로 촬영한 뒤, 이를 파일로 변환하여 자료화합니다.

- **구글 설문 활용**: 국어·사회 교과 등 글쓰기 및 의견 제시가 필요한 과목은 구글 설문을 이용하여 학생의 의견이나 에세이를 수집한 후 엑셀(Excel) 형태로 정리하여 학생별로 관리합니다.

- **미술 교과 및 실기과목**: 학생이 제작한 작품을 인적 정보를 제외한 채 사진으로 촬영한 뒤, 개별 파일로 관리하여 학생의 특성을 관찰합니다.

- **패들렛 활용**: 학생의 독서 기록이나 과제에 대한 의견·댓글 등을 패들렛으로 수집한 뒤, 이를 엑셀 파일로 변환하여 학생별 관찰 자료로 활용합니다.

- **교육정보시스템(나이스) 활용**: 나이스에서 [학생생활–행동특성및종합의견–행동특성및종합의견] 내의 '누가기록' 탭을 이용하여 학생의 행동 특성을 지속적으로 관찰하고 기록할 수 있습니다. 이렇게 기록된 자료를 담임교사가 누적해서 관리하며, 장기간 관찰한 내용과 학생의 성장과정을 특기사항 작성에 효과적으로 반영할 수 있습니다.

- 그 밖에 효과적인 자료 수집 플랫폼으로는 네이버 폼, 마이크로소프트 폼, 구글 클래스룸, 클래스카드 등을 활용하여 장기간의 수행 과정과 관찰 내용을 체계적으로 관리할 수 있습니다.

Q 챗GPT가 생성한 내용을 학교생활기록부에 그대로 복사하여 사용해도 괜찮나요? 교사의 추가 작업이나 검토가 필요한가요?

A 챗GPT가 생성한 내용을 학교생활기록부에 입력할 때는 반드시 교사의 추가 작업과 검토가 필요합니다. 챗GPT는 기본적인 문장 생성과 내용을 효과적으로 돕지만, 다음 사항들을 교사가 직접 추가로 확인하고 보완해야 합니다.

- 생성된 특기사항 내용을 엑셀 파일에 넣어 정확한 바이트 수를 반드시 점검해야 합니다. 엑셀에서 바이트 수를 점검하는 방법은 LENB() 함수를 사용하는 것(부록 A-12)입니다. LENB() 함수는 텍스트 문자열의 바이트 수를 반환합니다. (한글 1자는 3Byte, 영문·숫자·기호·공백 1자는 1Byte로 계산)

- 생활기록부 입력 시 직접 생기부 시스템에서 입력한 작은따옴표(' ')만 사용해야 합니다. 한글 문서에서 쓰는 형태인 작은따옴표(' ')는 앞뒤에 불필요한 여백이 추가되는 경우가 있으므로 주의가 필요합니다.

- 맞춤법, 띄어쓰기 등 오탈자 및 오류가 없도록 빈칸을 두 번 띄지 않았는지, 맞춤법 검사기를 활용하여 최종 점검을 해야 합니다. 또한, 영어 사용은 가능한 지양해야 합니다.

- 날짜 입력 시, 기간을 나타낼 때 물결표(~)가 아닌 하이픈(-, 작대기)을 사용하며, 날짜 표기 시 온점(.)도 빠짐없이 사용해야 합니다. 연도는 4자리, 월과 일은 각각 2자리로 다음 예시와 같이 정확히 입력해야 합니다. 예) 2025.03.02.-2025.08.13.

Q 챗GPT로 생성된 생기부 기록이 학생 평가에 대한 객관성과 신뢰성을 충분히 확보할 수 있나요?

A 챗GPT는 교사의 업무를 효과적으로 지원하고 자료의 풍부한 표현을 돕는 보조 도구일 뿐, 평가의 객관성과 신뢰성 확보는 전적으로 담당 교사의 역할입니다. 따라서 교사는 챗GPT가 생성한 내용을 다음과 같은 방식으로 신뢰성 있게 관리할 수 있습니다.

- 챗GPT가 작성한 내용을 절대로 그대로 복사하여 사용하지 않고, 교사의 관찰 기록과 학생의 수행 결과를 바탕으로 반드시 수정 및 보완을 거쳐 기록합니다.
- 챗GPT 입력 시에는 학생의 활동 및 성취 과정이 담긴 구체적이고 객관적인 내용을 프롬프트로 입력하여 객관적 평가 요소를 충분히 확보합니다.
- 학생별 생성된 결과물을 담당 교사가 최종적으로 꼼꼼히 점검하고 수정하여 입력함으로써 객관성과 신뢰성을 확보합니다.
- 생성된 생기부 내용은 항상 「학교생활기록부 기재요령」에 따른 평가 요소와 기준을 준수하여 점검합니다.

결국 생기부 평가의 신뢰성과 객관성은 챗GPT 자체가 아니라, 교사의 정확한 자료 관리 및 객관적 관찰, 평가 역량에 의해 결정됩니다.

Q 챗GPT가 특정 정보를 잊지 않고 계속 기억하도록 설정하려면 어떻게 해야 하나요?

A 챗GPT가 특정 정보를 지속적으로 기억하게 하려면 다음 세 가지 방법을 사용할 수 있습니다.

1. 채팅창 하단 오른쪽에 있는 계정을 클릭 → [설정] → [개인 맞춤 설정] → [메모리]에서 '저장된 메모리 참고' 옵션을 켜짐 상태로 설정하고 '채팅 기록 참고' 옵션을 켜짐 상태로 설정합니다. '메모리 관리하기'를 클릭하면, 챗GPT가 현재 기억하고 있는 사용자 관련 정보와 메모리 내용을 확인하거나 개별적으로 삭제할 수 있습니다.

챗GPT 맞춤 설정 및 설정 들어가기

개인 맞춤 설정 메모리 및 메모리 관리하기

2. 채팅창 하단의 [ChatGPT 맞춤 설정] 메뉴를 활용하여 '닉네임', '사용자의 직업(역할)', '챗GPT가 지녔으면 하는 특성' 등을 입력하여 맞춤형으로 설정할 수 있습니다.

챗GPT 맞춤 설정

3. 특정 정보를 개별적으로 기억하게 하고 싶다면 다음 예시와 같은 명령어를 활용합니다.

예) 영어: "Remember that..."
한국어: "이것을 기억해줘."

이 방법을 사용하면 챗GPT가 사용자의 중요한 정보를 잊지 않고 지속적으로 기억하며, 맞춤형 응답에 활용할 수 있습니다.

Q 생성형 인공지능을 활용해 학교생활기록부 서술형 항목을 작성해도 되나요?

A 가능합니다. 다만, 학교생활기록부 서술형 항목은 반드시 교사가 평소 학생을 직접 관찰·평가한 사실을 바탕으로 작성해야 하며(「학교생활기록 작성 및 관리지침」, 「2025학년도 학교생활기록부 기재요령」, 교육부 수업혁신융합교육과-319, 2025.7.28.), 생성형 인공지능은 윤문이나 표현 정리 등 보조 수단으로만 활용할 수 있습니다. 생성형 인공지능이 만든 내용을 그대로 옮겨 적는 것은 허용되지 않으며, 활용한 경우에도 허위 또는 과장 기재 여부와 학교생활기록부 기재 지침 준수 여부를 최종 입력 전에 반드시 확인해야 합니다. 모든 기재 내용에 대한 최종 책임은 교사에게 있습니다.

부록 A

학교생활기록부 관련 자료 패들렛에서 내려받기

다음 QR 코드를 스캔하면 부록을 패들렛에서 내려받을 수 있습니다.

부록 패들렛

1. 챗GPT 등 생성형 AI 활용 관련 보안가이드라인
2. 경기도교육청 정보보안 기본 지침
3. 2025학년도 학교생활기록부 기재요령(고등학교)
4. 학교생활기록부 작성 시 유의 사항
5. 교과세특 기재 역량 강화 연수를 위한 교과 세부능력 및 특기사항 기재 예시 도움 자료
6. 공통 국어1 과목의 나이스 성취기준
7. 2025학년도 1학기 공통 영어 1 교과운영계획 및 평가계획

8. 토론활동_특기사항_전체.xlsx 다운로드
9. 영어 쓰기 행사 운영 계획서
10. 영어 학습 전략 포스터
11. 행동발달 및 특기사항 기록용 학생 자기평가서(구글 설문)
12. 학습활동별 교과 세부능력 및 특기사항 종합 파일 양식(함수 포함)

교사를 위한 프롬프트 가이드

프롬프트의 의미와 역할

프롬프트(prompt)란 생성형 인공지능(AI)에게 무엇을, 어떤 방식으로 답해야 하는지 지시하는 입력 문장을 뜻합니다. 답변의 질은 질문에 담긴 구체성과 맥락에 따라 크게 달라집니다. 따라서 프롬프트는 단순히 응답을 요청하는 문장이 아니라, 답변의 구조와 방향을 미리 설계하는 도구로 이해해야 합니다.

교사가 학교생활기록부 작성, 평가 문항 개발, 수업 설계 등 교육적 과제를 인공지능과 함께 수행하고자 할 때는 질문을 정교하게 구성할 필요가 있습니다. 특히 산출물의 형식(문단/표/문장), 분량(예: 800바이트), 어투(학문적·간결체), 대상(학생·학부모·입학사정관)과 같은 조건을 프롬프트에 명시하면 결과가 목적에 더 정확히 부합합니다.

나아가 프롬프트를 만드는 과정 자체가 교사의 사고를 체계화하고 교육 목표를 분명히 하는 작업이기도 합니다. 질문을 구체화할수록 관찰 근거와 강조할 역량이 선명해지고, 결과적으로 인공지능 활용 능력뿐 아니라 교사의 전문성도 함께 강화됩니다.

육하원칙(5W1H) 적용

프롬프트를 작성할 때 가장 중요한 것은 육하원칙(5W1H)을 충실히 반영하는 것입니다. 즉, 프롬프트에 누가(who), 무엇을(what), 언제(when), 어디서(where), 왜(why), 어떻게(how)를 빠짐없이 명시하면, 인공지능은 전체 맥락과 상황, 목표를 정확히 파악하여 교사가 교육 현장에서 바로 활용할 수 있는 답변을 제시합니다.

또한 육하원칙과 더불어 프롬프트의 효과를 높이려면 입력 문장에서 수치와 기준을 활용해 구체적으로 제시하고 출력 형식(표·불릿·체크리스트 등)을 함께 지정하는 것이 좋습니다.

교사가 프롬프트를 설계할 때는 수업 환경에서 발생할 수 있는 다양한 변수를 미리 고려하는 것도 필요합니다. 예를 들어 인터넷 불안정, 장비 고장, 날씨 악화 같은 상황에 대비하여 대체 활동이나 문제 처리 절차를 함께 요청하면, 인공지능의 답변이 실제 수업 맥락에 더 알맞게 조정됩니다.

다음은 지리·과학·사회 교과에 적용한 육하원칙 예시와 이를 바탕으로 한 최종 완성 프롬프트입니다.

지리 교과 예시

- **누가(who)**: 고등학교 2학년
- **무엇을(what)**: 부산 도시지리 관점의 1일 현장학습 사전·당일 운영안
- **언제(when)**: 사전 학습 50분 1차시 + 현장 당일 시간표
- **어디서(where)**: 일반 교실(사전) + 부산 시내(현장)
- **왜(why)**: 도시 공간 구조·교통망·관광지 기능 변화 이해

- **어떻게(how):** 시간대별 일정표(표 형식), 대중교통 동선·지도 표기, 비 예보 시 실내 대안, 안전 수칙, 준비물 체크리스트 포함
- **완성 프롬프트:** "고2 지리 수업에서 사용할 부산 도시지리 관점의 1일 현장학습 운영안을 작성해 주세요. 사전 학습 50분 1차시와 현장 당일 시간표를 포함하고, 대중교통 동선·지도 표기, 비 예보 시 실내 대안, 안전 수칙, 준비물 체크리스트를 표 형식으로 정리해 주세요."

과학 교과 예시

- **누가(who):** 고등학교 1학년
- **무엇을(what):** 광합성 탐구 실험 수업안(가설 – 변인 – 절차 – 결과 – 해석)
- **언제(when):** 50분 1차시 + 사후 과제 안내 10분
- **어디서(where):** 과학실(센서 장비 제한, 기본 실험기구 사용)
- **왜(why):** 과학적 탐구 과정과 자료 해석 능력 신장
- **어떻게(how):** 도입 – 전개 – 정리 단계별 교사 발문, 안전 수칙, 실험 실패 시 간단한 대체 절차, 형성평가 3문항, 보고서 템플릿 포함
- **완성 프롬프트:** "고1 대상 광합성 탐구 실험 수업안을 작성해 주세요. 도입 – 전개 – 정리 단계별 교사 발문과 가설 – 변인 – 절차 – 결과 – 해석을 명시하고, 안전 수칙, 실험 실패 시 대체 절차, 형성평가 3문항, 보고서 템플릿을 포함해 50분 1차시 기준으로 정리해 주세요."

사회 교과 예시

- **누가(who):** 고등학교 1학년
- **무엇을(what):** 지역 교통 정책 공청회 모의 토론 활동지
- **언제(when):** 50분 1차시(사전 자료 읽기 과제 포함)
- **어디서(where):** 일반 교실(조별 토의), 온라인 열람 제한 시 인쇄물 대체
- **왜(why):** 공공정책 의사결정 과정 이해, 근거 기반 주장 전개

- **어떻게(how)**: 역할카드(찬·반·중재), 논제·쟁점 리스트, 주장-근거-반박 구조표, 평가 루브릭(4수준·기준 3개), 발표 가이드 포함
- **완성 프롬프트**: "고1 사회 수업에서 사용할 지역 교통 정책 공청회 모의 토론 활동지를 만들어 주세요. 역할카드(찬·반·중재), 논제·쟁점 리스트, 주장-근거-반박 구조표, 평가 루브릭(4수준·기준 3개), 발표 가이드를 포함하고 50분 1차시 기준으로 구성해 주세요. 온라인 열람이 어려울 때 사용할 인쇄물 대체 자료도 함께 제시해 주세요."

육하원칙 다음으로 중요한 프롬프트 작성 기법은 구체적인 명령어 사용입니다. 프롬프트를 효과적으로 작성하려면 단순히 "해 줘"라고 막연히 요청하기보다는 원하는 활동을 구체적인 동사로 지시하는 것이 필요합니다. 예를 들어 "작성해 줘"라는 표현은 Write, "설명해 줘"는 Explain, "요약해 줘"는 Summarize처럼 명확한 동사를 사용하면 인공지능이 어떤 방식으로 답변을 구성해야 하는지 분명히 이해합니다.

이러한 구체적인 명령어는 단순히 결과물을 생성하는 것에 그치지 않고, 사고의 수준과 과업의 성격까지 조정할 수 있습니다. 바로 이 점 때문에 구체적인 명령어 사용이 중요합니다. 예를 들어 교사가 "분석해 줘(Analyze)"라고 요청하면 단순 설명이 아니라 요소 간 관계를 드러내는 답을 기대할 수 있고, "비교해 줘(Compare)"라고 하면 두 개 이상의 항목을 대조하는 답변을, "적용해 줘(Apply)"라고 하면 특정 상황에 이론을 적용하는 답변을 얻을 수 있습니다. 다시 말해, 프롬프트에 어떤 명령어를 쓰느냐에 따라 답변의 깊이와 방향이 달라지며, 이는 곧 교사가 교육 목표에 맞는 수준의 산출물을 얻는 핵심 전략이 됩니다.

또한 우리말의 "설명해 줘", "분석해 줘", "정리해 줘" 같은 표현은 의미가 서로 비슷하게 겹치는 경우가 많습니다. 이 때문에 인공지능이 사용자의 의도를 오해하거나 피상적인 답변을 내놓기도 합니다. 이럴 때는 영어 명령어를 직접 사용하는 것이 오히려 더 효과적일 수 있습니다. 예를 들어 "Explain"과 "Illustrate"는 모두 "설명해 줘"로 번역될 수 있습니다. 하지만 실제 두 단어는 전자가 개념 설명에, 후자가 예시를 통한 설명에 중점을 둔다는 차이가 있어 구분해서 사용해야 합니다. 따라서 교사는 필요에 따라 우리말과 영어를 병행해 사용하면 더 정교한 결과를 얻을 수 있습니다.

아래는 자주 쓰이는 우리말 요청과 그에 해당하는 영어 명령어를 정리한 표입니다.

우리말 명령어 프롬프트	영어 명령어 프롬프트
작성해 줘	Write
설명해 줘	Explain
예시 들어 설명해 줘	Illustrate
만들어 줘	Create
준비해 줘	Prepare
요약해 줘	Summarize
제안해 줘	Suggest
해결해 줘	Solve
분석해 줘	Analyze
구체화해 줘	Detail
재검토해 줘	Review

우리말 명령어 프롬프트	영어 명령어 프롬프트
평가해 줘	Evaluate
정리해 줘	Organize
연습해 줘	Practice
참고해 줘	Refer
실습해 줘	Demonstrate
추가해 줘	Add
비교해 줘	Compare
대조해 줘	Contrast
적용해 줘	Apply
연결해 줘	Connect
분류해 줘	Classify
해석해 줘	Interpret
예측해 줘	Predict
설계해 줘	Design
제작해 줘	Produce
조사해 줘	Investigate
계획해 줘	Plan
측정해 줘	Measure
조정해 줘	Adjust

이처럼 구체적인 명령어를 활용하면, 인공지능이 단순히 글을 '만들어 주는 것'을 넘어 교사가 요구하는 사고 과정과 학습 활동의 성격까지 반영한 결과물을 만들도록 유도할 수 있습니다. 따라서 구체적인 명령어는 곧 수업과 평가 장면에서 교사가 원하는 정확한 답변을 얻는 핵심 도구가 됩니다.

육하원칙과 구체적인 명령어 사용에 더해, 프롬프트 작성에서 또 하나 중요한 기법은 출력 형식과 톤을 지정하는 것입니다. 같은 내용이라도 어떤 형식으로 제시하느냐에 따라 활용도가 달라집니다. 마찬가지로 학문적, 간결체, 학생 눈높이 등 어떤 어투를 사용하느냐에 따라서도 문장의 성격이 크게 달라집니다.

따라서 프롬프트에는 반드시 형식과 톤을 명시하는 것이 좋습니다. 또한 산출물의 대상(교사용, 학부모용, 학생용)을 분명히 지정하는 것이 바람직합니다. 프롬프트가 내용(육하원칙)과 행동(명령어)을 잘 갖추고 있더라도, 형식·톤·대상이 명시되지 않으면 실제 활용도가 떨어질 수 있습니다.

아래에는 형식(Form)·분량(Length)·어투·톤(Tone)·출력 대상(Target)을 지정하는 방법과, 바로 활용할 수 있는 요청 문구 예시를 제시합니다. 한 번에 모두 명시하기 어렵다면 핵심 형식 하나부터 정하고, 이후 후속 프롬프트 입력으로 세부 사항을 보완해도 충분합니다.

형식(Form)

- **언제:** 구조를 한눈에 보여주거나 평가·점검이 필요한 자료를 만들 때
- **권장:** 표 | 불릿 | 문단 | 체크리스트 | 다이어그램(흐름도) 중 한 가지를 우선 지정
- **요청 문구 예**
  - "표 형식으로 작성해 주세요. 열: 단계 | 시간 | 활동 | 자료 | 평가 포인트"
  - "핵심만 불릿 목록(최대 7개)으로 정리해 주세요."
  - "체크리스트(□) 형태로 제시해 주세요."
  - "절차를 텍스트 흐름도(→)로 보여 주세요."

분량(Length)

- **언제:** 과다/과소 출력 방지, 바이트·문장 수 제한 필요 시
- **권장:** 단위를 명확히(문장/항목/단어/바이트/A4 쪽) — 하나만 선택
- **요청 문구 예**
  - "1500바이트 이내로 작성해 주세요." (나이스 기준: 한글 1자=3바이트, 공백·영문·숫자·기호=1바이트)
  - "5문장으로 요약해 주세요."
  - "항목 6개 이내로 제한해 주세요."

어투·톤(Tone)

- **언제:** 독자(교사/학생/학부모)와 목적(안내/평가/학습)에 맞춰 문체를 달리할 때
- **권장:** 학문적 | 간결체 | 교사용 안내 | 학생 눈높이 등으로 명시
- **요청 문구 예**
  - "교사용 학문적 어투로, 근거 중심으로 서술해 주세요."
  - "학생 눈높이로 쉬운 어휘를 사용해 주세요."
  - "간결체로 군더더기 없이 정리해 주세요."

출력 대상(Target)

- **언제:** 동일 내용이라도 독자에 따라 형식·어투가 달라져야 할 때
- **권장:** 교사용 | 학부모용 | 학생용 중 하나를 명확히 지정
- **요청 문구 예**
  - "교사용 내부 공유 자료로 작성해 주세요."
  - "학부모용 가정 안내문 형식으로 정리해 주세요."
  - "학생용 활동지로 구성해 주세요."

찾·아·보·기

P
Plus 구독　22

ㄱ
계정 등록　12
과목별 세부능력 및 특기사항　54, 63, 78, 102

ㄴ
나이스 업로드　86

ㅅ
사전 학습　50
서술형 영역별 기재 유의사항　5

ㅇ
앱 설치　16

ㅈ
자동 번역 해제　13
정보보안 기본 지침　7
진로활동 특기사항　70, 89

ㅊ
창의적 체험활동 특기사항　119
챗GPT 프로젝트　41

ㅋ
캔버스(Canvas)　34, 78, 93

ㅍ
프롬프트　51, 71, 137

ㅎ
학교 네트워크 환경　33
학교생활기록부　5, 51
학교생활기록부 기재요령　50, 52
학교생활기록 작성 및 관리지침　4
행동특성 및 종합의견　68, 91

memo

memo

memo